CW01501016

À PHILÉMON

Réflexions sur la liberté chrétienne

ADRIEN CANDIARD

À PHILÉMON

Réflexions sur la liberté chrétienne

LES ÉDITIONS DU CERF

Nihil obstat

M. Allard, o. p.
M.-A. Laurent-Huygues-Beaufond, o. p.

Imprimi potest
Paris, le 19 décembre 2018
M. Lachenaud, o. p.
Prieur provincial

© *Les Éditions du Cerf*, 2019
www.editionsducerf.fr
24, rue des Tanneries
75013 Paris

ISBN 978-2-204-13072-1

À Athanase Vignon,
parce que seule l'amitié évangélise.

Là où est l'Esprit du Seigneur, là est la liberté.
Deuxième lettre aux Corinthiens 3, 17.

Introduction

Les curés, c'est connu, ça vous fait la morale. L'air grave, le ton compatissant mais l'œil accusateur, avec des mots abstraits et vaguement inquiétants, ils vous expliquent comment vivre, avec les certitudes que seuls peuvent avoir ceux qui ne connaissent rien à la vie. Ils vous disent comment aimer, ce qu'il faut faire, ce qu'il faut penser, ce qu'il faut croire, sans avoir apparemment la moindre idée du mélange étourdissant d'urgences, de devoirs, d'envies, de besoins, de fatigues, de convictions, de nécessités, de fantaisies, de désirs, d'inhibition, de tentations, d'attachements, d'ambitions et de réflexes qui constitue une vie concrète. Tout a l'air si simple, quand ils disent : « Il faut. » Tout est si compliqué, quand vous vous efforcez de vivre.

Je n'entends pas, par solidarité corporatiste, m'attaquer à cette idée reçue sur les prêtres.

Sans doute nous arrive-t-il à tous, plus ou moins gravement et de façon plus ou moins ridicule, de ressembler un jour ou l'autre à cet épouvantail. Cela n'excuse rien, mais on n'a pas idée de la fréquence avec laquelle on nous les demande, ces leçons de morale. Jeune catholique pratiquant qui se demande comment bien vivre son désir d'aimer, quadragénaire *New Age* rencontrée en auto-stop s'interrogeant sur la suite de sa carrière, jeune retraité s'essayant depuis peu à l'art d'être grand-père, mère de famille jonglant de son mieux entre la famille et son travail, les visages de ceux qui, un jour ou l'autre, d'une façon ou d'une autre, m'ont demandé comment ils *devaient* vivre, sont innombrables et variés. Ce ne sont nullement des névrosés dévorés par l'angoisse. Croyants ou non, ce sont simplement des gens bien, des personnes estimables qui s'efforcent de bien vivre, de bien faire, et qui pour cela se débattent de leur mieux avec le grand bazar contradictoire de leur vie. Pour tâcher d'y mettre un peu d'ordre, ils s'efforcent de faire rentrer le réel compliqué dans des catégories simples : le permis, le défendu, l'obligatoire.

Ils espèrent ainsi ne pas se tromper, ne pas trop mal faire, ou ne pas faire trop de mal autour d'eux. Et ils pensent trouver auprès de l'Église, censée les dispenser à temps et à contretemps, ces leçons de morale dont ils espèrent tirer un peu de soutien. Alors ils demandent : qu'est-ce qui est permis ? Qu'est-ce qui est interdit ?

Ce souci de bien faire, la plupart du temps, me touche. Mais il me prend aussi au dépourvu. Parce que, à ces questions-là, je n'ai au fond pas grand-chose à répondre. La foi chrétienne, qu'à travers moi ils viennent interroger, aurait beaucoup à dire, pourtant, sur les sujets qui les occupent – sur l'amour, sur le mal, sur le pardon, sur la sexualité, sur la politique, sur l'engagement, sur la souffrance... –, mais elle est nettement moins loquace quand on recherche une liste d'interdictions et d'obligations. Quand on m'interroge dans ces termes, moi, le professionnel de la parole, je bredouille et je m'envase. Ce dont je voudrais parler, ce n'est pas cela. Ce qui m'habite, ce qui m'intéresse, ce pour quoi je veux donner ma vie, c'est le salut offert en Jésus-Christ, c'est la vie éternelle qui nous est donnée à vivre tout de suite, c'est la liberté des enfants de Dieu. J'ai envie de répondre, avec saint Paul : « Tout est permis ! » J'ai envie de hurler, avec Paul Claudel : « Heureusement, il y a Jésus-Christ qui nous a libérés de la morale ! »

Si je ne sais pas bien comment dire tout cela, dans ces moments-là, c'est aussi parce qu'il y a autre chose que j'aimerais dire, de plus grave, de plus triste. Dire que si l'Église a parfois si gravement failli à sa mission, si des clercs ont pu détruire des vies, comme les journaux nous le rappellent désormais tous les jours, ce n'est pas seulement le fait de quelques détraqués criminels dont j'ai le plus grand mal à me sentir d'une quelconque façon solidaire. C'est aussi le résultat de toutes ces situations où nous (et cette fois, je dois en prendre ma part) n'avons pas su faire grandir la liberté de ceux qui venaient demander notre aide, toutes ces fois où nous avons jugé plus simple de rappeler la loi plutôt que d'inviter à suivre l'Esprit, toutes ces occasions où nous sommes entrés dans la conscience d'autrui sans prudence, pour y imposer notre certitude. Ces abus invisibles, je le sais, sont frères des autres abus, ceux qui font les gros titres. D'y penser, j'ai honte. Et cela ne m'aide pas à parler.

Mon interlocuteur venu chercher une règle à suivre, en général, est patient devant le discours confus que je bafouille devant lui. Il est bien élevé. Il m'approuve, il sourit, il hoche la tête, pendant que je parle de liberté et de conscience ; il me remercie parfois pour ces propos si éclairants. Mais bien vite, il revient au sujet qui le préoccupe : « Et donc, au final, j'ai le droit ou pas ? »

Il faut croire que la liberté chrétienne est trop nouvelle et trop révolutionnaire pour être reçue et même simplement entendue en quelques minutes par ceux-là même à qui elle s'adresse. Mais il n'y a pourtant rien de plus urgent à dire aux chrétiens d'aujourd'hui. Voilà pourquoi j'ai entrepris d'écrire ce petit livre, en espérant dépasser cette fois le stade des balbutiements.

Heureusement, je ne suis pas le premier à essayer d'en parler. Il y a même tout un livre de la Bible, dans le Nouveau Testament, qui est consacré à la question de la liberté chrétienne, la liberté authentique et profonde. Il n'est d'ailleurs pas bien long : 25 versets, une page ou deux selon les éditions. C'est un des livres les plus courts de la Bible. Un livre court, sur une question aussi essentielle : il devrait être très connu, lu par tous les chrétiens, cité dans toutes les homélies, posé sur toutes les tables de nuit, expliqué au catéchisme. Au lieu de ça, il reste bien souvent à sommeiller, avec d'autres trésors cachés, entre les pages rarement ouvertes que serrent les reliures poussiéreuses de nos Bibles. C'est bien dommage. L'objet de ce petit livre, le mien, est donc d'en faire lire un autre : la lettre de saint Paul à Philémon.

Il s'agit en effet d'une lettre (on dit parfois une « épître », qui n'est jamais qu'un mot venant du latin pour dire « lettre »), envoyée par l'apôtre Paul à son ami Philémon. Nous sommes au début des années cinquante du premier siècle, à peu près vingt ans après la mort et la résurrection de Jésus. Paul est un juif qui n'a pas connu Jésus et qui, entendant parler des premières communautés chrétiennes, a commencé par les persécuter, avant de devenir, après sa conversion, un chrétien enthousiaste, un fondateur de communautés, un voyageur infatigable pour annoncer la Parole du Christ. Quand il écrit cette lettre à Philémon, il est déjà une autorité reconnue pour les chrétiens, notamment ceux d'Asie Mineure, en Turquie actuelle. Il y a fondé lui-même des Églises, et a habité plusieurs années à Éphèse, une des grandes villes de la région. C'est sans doute là qu'il a connu Philémon, qui est citoyen d'une ville voisine, Colosses. C'est grâce à Paul, à ses discours enflammés, à sa personnalité marquante, à sa manière de parler du Christ par ses mots et par ses actes, que Philémon est devenu chrétien. C'est sans doute Paul qui l'a baptisé. Il est vraisemblable que sa femme Apphia, et peut-être son fils Archippe, sont devenus chrétiens en même temps que lui ou peu de temps après. Puis Philémon est rentré chez lui, à Colosses, où il est un membre actif de la petite communauté chrétienne. En ces temps où l'Empire romain commence à se méfier des chrétiens, qu'il commence ici et là à persécuter, il n'y a pas d'églises : c'est dans la maison de Philémon, qui a probablement quelques moyens, que les chrétiens de Colosses se réunissent. Paul et Philémon restent amis, mais ils ne se voient plus ; ils s'écrivent donc, sans doute plusieurs lettres, mais nous n'en avons conservé qu'une seule.

La lettre de Paul à Philémon conservée dans la Bible, dernier témoin d'une amitié enracinée dans le Christ, est écrite dans une situation délicate, dont nous ne connaissons malheureusement pas tous les détails. Je raconte ici ce qui est le plus vraisemblable, laissant les débats de spécialistes à des livres plus érudits. Paul est en prison : son activité de prédicateur d'une religion nouvelle commence à inquiéter les autorités. Il est souvent chassé, flagellé en public ou mis en prison. À Éphèse, par exemple, ville qui attire de nombreux pèlerins à cause de son temple dédié à la déesse Artémis, les marchands de souvenirs pour touristes craignent pour la rentabilité de leur activité : si les gens deviennent chrétiens, qui achètera encore leurs stocks de babioles ? Qu'on se rassure pourtant pour eux :

tous ceux qui sont déjà allés à Lourdes savent que leurs lointains descendants sauront s'adapter sans peine à la religion chrétienne. Mais en ce temps, ils ne le savent pas encore, et ils se liguent contre Paul. Sans doute est-ce justement à Éphèse que Paul est alors emprisonné. Une captivité certainement rude, mais où il n'est pas isolé : il a de nombreux amis dans la ville, et il peut recevoir des visites.

C'est un visiteur inattendu qui vient un jour le trouver dans sa prison : Onésime, un esclave de Philémon. Car Philémon avait des esclaves. Cela nous semble à juste titre révoltant et inacceptable, mais Philémon est un homme de l'Antiquité, qui trouve cela parfaitement normal, comme tous ses contemporains, comme par exemple les philosophes grecs que nous admirons le plus. Enfin, presque tous ses contemporains : Onésime, lui, n'a pas l'air d'aimer beaucoup l'esclavage. Il n'écrit pas de manifeste pour l'abolition de l'esclavage (à notre connaissance, personne n'en a écrit en ce temps-là), mais il fait mieux : il s'enfuit de chez son maître. Sans doute, d'ailleurs, prend-il avec lui un peu d'argent appartenant à Philémon, aggravant son cas. Il faut dire qu'il aura bien besoin d'argent : dans l'Empire romain, la vie d'un esclave en fuite est une dangereuse partie de cache-cache, où celui qui est trouvé risque des punitions d'une extrême cruauté, allant jusqu'à la mort sur une croix. Onésime en fuite doit se demander où trouver refuge, avec une certaine inquiétude, jusqu'à trouver l'idée du siècle. Il a sans doute connu Paul, au temps où son maître est devenu chrétien. Il l'a entendu parler d'amour fraternel, de charité, de miséricorde ; il a trouvé en lui un homme bon, dont les actes s'accordaient aux discours ; sans doute a-t-il remarqué aussi, parce qu'il n'est pas bête, que Paul pouvait avoir une certaine influence sur Philémon. Alors ni une, ni deux, l'esclave en fuite se rend à Éphèse, à la recherche de Paul, qu'il trouve en prison.

Il commence par lui raconter son histoire, ses malheurs d'esclave – car même si le maître est bon, une vie d'esclave n'est jamais enviable. De prisonnier à esclave, sans doute les deux hommes se comprennent-ils. Ils se lient d'amitié à leur tour. Onésime, dont le nom signifie « utile » en grec, rend des services à Paul, améliorant de façon appréciable la dureté de sa détention ; quant à Paul, il donne à Onésime la seule chose qu'il ait à donner : il lui parle de Jésus. Il lui parle de l'amour de Dieu, du salut, de la vie éternelle. Et voilà qu'Onésime découvre peu à peu qu'il y a une libération bien plus grande, bien plus profonde, bien plus joyeuse aussi, que celle qu'il a accomplie en quittant la maison de son propriétaire. Un beau jour, il demande à Paul à être lui aussi plongé dans cette vie du Christ, par le baptême. On apporte un peu d'eau dans la prison de Paul, et là, dans une cellule crasseuse où Onésime a pu entrer, bien loin de nos belles églises et de nos odeurs d'encens, l'esclave est baptisé par le détenu.

Mais dans les jours qui suivent, les deux hommes parlent d'avenir. La situation d'Onésime est fragile. Éphèse n'est pas loin de Colosses. Il risque à tout instant d'être reconnu, arrêté, puni, peut-être mis à mort. Il faudrait partir plus loin, mais une vie de fuyard n'est guère meilleure qu'une vie d'esclave. Il y a pourtant une autre solution, la plus simple : Onésime pourrait rentrer chez son maître. Ils en conviennent tous les deux, c'est le meilleur parti. Avec courage, Onésime reprend la route de Colosses, muni d'une mince protection face à la colère de Philémon – colère légale, colère appuyée par toute la puissance de l'Empire romain : une petite lettre écrite de la main de Paul, s'adressant à son ami. En voici le texte complet.

Paul, prisonnier du Christ Jésus, et le frère Timothée, à Philémon, notre cher collaborateur, avec Apphia notre sœur, Archippe notre frère d'armes, et l'Église qui s'assemble dans ta maison. À vous grâce et paix de la part de Dieu notre Père et le Seigneur Jésus Christ !

Je rends sans cesse grâces à mon Dieu en faisant mémoire de toi dans mes prières, car j'entends louer ta charité et la foi qui t'anime, tant à l'égard du Seigneur Jésus qu'au bénéfice de tous les saints. Puisse cette foi rendre agissant son esprit d'entraide en t'éclairant pleinement sur tout le bien qu'il est en notre pouvoir d'accomplir pour le Christ. De fait, j'ai eu grande joie et consolation en apprenant ta charité : on me dit, frère, que grâce à toi, les entrailles des saints ont été réconfortées !

C'est pourquoi, alors que j'aurais dans le Christ largement le droit de te dire ce que tu dois faire, je préfère te faire une requête au nom de la charité. Moi, Paul, le vieux Paul et, qui plus est, maintenant le prisonnier du Christ Jésus, j'ai une requête pour mon enfant, que j'ai engendré dans les chaînes, cet Onésime. Jadis, il ne te fut guère utile, mais désormais il te sera bien utile, comme il l'est devenu pour moi. Je te le renvoie, et lui, c'est comme mes propres entrailles.

Je désirais le retenir près de moi, pour qu'il me servît en ton nom dans ces chaînes que me vaut l'Évangile ; cependant je n'ai rien voulu faire sans ton accord, pour que tu accomplisses ce bien non pas sous la contrainte, mais librement. Peut-être aussi Onésime ne t'a-t-il été retiré pour un temps qu'afin de t'être rendu pour l'éternité, non plus comme un esclave, mais bien mieux qu'un esclave, comme un frère bien aimé. Il l'est déjà grandement pour moi : combien plus va-t-il l'être pour toi, et selon la chair et selon le Seigneur ! Si donc tu es en communion avec moi, reçois-le comme si c'était moi.

Et s'il t'a fait du tort ou te doit quelque chose, mets cela sur mon compte. Moi, Paul, j'écris cela de ma propre main : c'est moi qui réglerai... Pour ne rien dire de la dette que tu as envers moi, et qui est toi-même ! Allons, frère, j'attends de toi ce service dans le Seigneur ; soulage mes entrailles dans le Christ. Je t'écris en comptant sur ton attention : je sais bien que tu feras plus encore que je ne demande.

Avec cela, prépare-moi un gîte ; j'espère en effet que, grâce à vos prières, je vais vous être rendu. Tu as les salutations d'Épaphras, mon compagnon de captivité dans le Christ Jésus, ainsi que de Marc, Aristarque, Démas et Luc, mes collaborateurs. Que la grâce du Seigneur Jésus Christ soit avec votre esprit !

Si cette lettre n'est pas plus connue, lue, répétée par les chrétiens d'aujourd'hui, c'est sans doute parce qu'on la lit trop vite. Et à la lire trop vite, certains sont déçus : comment saint Paul peut-il, face au scandale absolu de l'esclavage, ne pas s'indigner davantage ? Pourquoi n'ordonne-t-il pas à Philémon d'affranchir tout simplement Onésime, plutôt que de tourner autour du pot ? Bien sûr, l'esclavage est une réalité du monde antique, mais est-il juste pour un chrétien de la trempe de saint Paul de capituler sans combattre devant cet état de fait inhumain et dégradant ? Il nous est difficile d'accepter que, dans cette lettre, Paul n'ait pas tant à cœur la liberté d'Onésime que celle de Philémon lui-même. Et c'est pourquoi, à ce dernier, il parle avec clarté, mais aussi avec une infinie délicatesse.

Mais cette manière de faire, d'inviter sans obliger, fait aussi grincer quelques dents. On connaît cette manière de faire, dans l'Église. Tous ces « surtout, sens-toi libre ! » qui ne visent qu'à vous culpabiliser pour mieux vous forcer la main. Sens-toi libre, mais sens-toi libre de dire oui. Sens-toi libre de faire exactement ce que je te dis de faire. Est-ce que Paul, l'air de rien, ne force pas un peu la main de Philémon, pour qu'il affranchisse Onésime ? Je crois qu'il faut faire crédit à Paul : il dit ce qu'il dit, ni plus ni moins. Prenons-le simplement au sérieux. Il n'est pas si simple de respecter la liberté de Philémon, tout en l'aidant à voir la vérité. De le conduire à faire le bien, sans le lui ordonner.

De l'aider à devenir meilleur, pas à faire ceci ou cela. Et c'est parce que nous en avons peu l'habitude, je crois, que nous avons du mal à reconnaître combien Paul s'y prend bien.

Il faut dire que Paul n'a pas toujours, même chez les chrétiens, excellente réputation. De ses nombreuses lettres entrées dans le canon du Nouveau Testament, les catholiques connaissent au minimum de petits extraits très denses, un peu arides, d'un style complexe et ramassé, qui sont lus le dimanche à la messe en deuxième lecture, juste avant l'Évangile : sans élément de contexte, sans explication, sans reprise la plupart du temps dans l'homélie du prêtre (qui a déjà fort à faire pour expliquer l'Évangile), ces petits passages sont la plupart du temps proprement incompréhensibles. Paul resterait donc cet illustre inconnu qu'on lit chaque semaine sans pourtant rien en connaître, s'il ne traînait en plus de cela une réputation sulfureuse pour certaines de ses pages les plus célèbres. N'est-il pas l'auteur de l'injonction tant répétée dans le passé : « Femmes, soyez soumises à vos maris » ? N'a-t-il pas un caractère excessif, passionné, émotif à l'extrême, du bois dont on fait les fanatiques religieux qui nous inquiètent tant aujourd'hui ? Et n'aurait-il pas compliqué à l'envi, en y ajoutant des concepts et des dogmes dont elle était naturellement dépourvue, la pure et lumineuse doctrine de Jésus, ce Jésus qu'il n'a même pas connu personnellement ? Ne divisait-il pas déjà, de son temps, les communautés chrétiennes qui se disputaient à son sujet ?

Et pourtant, si Dieu parle aux hommes, ce n'est pas au moyen d'une voix ou d'un écrit tombés du ciel. Il nous parle à travers la vie d'hommes et de femmes qui ont su jeter leur vie entière, comme elle était, dans l'alliance proposée par Dieu ; il nous parle dans les plis même de leur personnalité complexe, parce que ce n'est pas dans de fausses figures bien lisses de gendres idéaux ou de jeunes filles exemplaires qu'ils ont accueilli Dieu, mais dans des vies de chair et de sang, avec leurs émotions, leurs enthousiasmes, leurs peurs ; il nous parle aussi, comme dans le cas de Paul et Philémon, par la grâce d'une amitié véritable, qui a encore beaucoup à nous dire.

$\underline{1.}$

« Convertis-toi et crois à l'Évangile ! »

Cette phrase prononcée, comme le veut le rituel, en traçant une croix sur le front de mes paroissiens le jour de l'entrée en carême, le mercredi des Cendres, avait rendu perplexe une mère de famille, pratiquante fort régulière, engagée dans le catéchisme des enfants et dans diverses activités paroissiales, prenant la vie chrétienne au sérieux. « Croire à l'Évangile, je veux bien, me dit-elle en substance à la sortie de la messe, même si *a priori*, si nous sommes venus à la messe, c'est déjà que nous y croyons tout de même un peu. Mais pourquoi nous demander de nous convertir ? Je suis déjà chrétienne ! »

Incompréhension somme toute bien compréhensible. Se convertir, n'est-ce pas changer de religion ? On connaît par exemple la conversion de saint Paul, sur ce fameux chemin de Damas.

Auparavant, il était juif, pas de doute là-dessus. Tellement juif, d'ailleurs, qu'il n'aimait pas trop les chrétiens et qu'il les persécutait même, voyant dans leur culte une hérésie, une déviance, un affront fait à la vraie foi. Peut-être un peu fanatique, donc, mais en tout cas un juif fervent. Et voilà que, sur le chemin de Damas, où il se rend précisément pour exécuter ses projets de persécution, Dieu lui parle, et il en est tout retourné. On ne sait pas s'il tombe de son cheval, comme le veut l'image populaire, ni même s'il avait un cheval, car nos sources n'en disent rien, mais on sait en revanche qu'après cet épisode, il est chrétien. Et même très chrétien, parcourant le monde connu pour fonder des communautés chrétiennes, prêchant et baptisant, et donnant pour finir sa vie pour le Christ. Il était juif, il est chrétien : une conversion nette et sans bavure. On peut l'admirer, mais si on est déjà chrétien, on ne voit guère comment, ni surtout pourquoi, il faudrait l'imiter : la conversion, c'est pour les autres, ceux qui ne sont pas tombés dedans quand ils étaient petits, ceux qui ne sont pas nés au bon endroit.

Paul, pourtant, ne présente jamais les choses de cette façon. Il ne nous raconte pas, quand il fait le récit de cette expérience bouleversante, avoir changé de crémerie. Sa conversion n'a pas consisté à passer d'une doctrine à une autre, encore moins d'un groupe d'appartenance à un autre. Paul n'a pas changé de Dieu : c'est toujours le même, le Dieu d'Abraham, d'Isaac et de Jacob, le Dieu de l'alliance, le Dieu qui a fait sortir son peuple d'Égypte. Dieu n'a pas tellement changé ; mais dans la conversion, Paul, lui, n'est pas resté le même. Il est devenu si différent qu'il devient difficile de le comprendre sans revenir à cet événement initial : si nous voulons comprendre ce qu'il écrit à Philémon, il faut revenir à cette nouvelle naissance, sur le chemin de Damas.

Avant sa conversion, Paul n'est pas un mauvais bougre. Ce pharisien élevé entre le sud de l'actuelle Turquie, à Tarse, et la Palestine, lui dont la famille a obtenu le privilège, utile dans l'Empire, de la citoyenneté romaine, semble au contraire avoir toujours constamment cherché à faire de son mieux, mettant toute la force d'une volonté assez exceptionnelle à l'accomplissement des commandements de Dieu. Très jeune, il a pris Dieu au sérieux. Il a regardé sa vie avec gravité, et a entrepris de la réussir, de ne pas passer à côté, comme tant des camarades de son âge qui lui paraissaient vivre à la surface d'eux-mêmes, comme si rien n'avait d'importance.

Le jeune Paul, lui, a de l'énergie à revendre. Il sent que la vie est plus profonde qu'elle en a l'air. Il a entendu des prêches l'appelant à donner sa vie, à se mettre au service, et ces mots ont fait vibrer en son âme comme des cordes insoupçonnées, qui lui ont donné soif de se dépasser. Ce Dieu dont ses parents lui ont parlé, il a appris peu à peu à le connaître et à l'aimer ; il sait qu'il ne veut que son bien, lui qui au temps de Moïse avait libéré son peuple en lui faisant passer la mer Rouge à pied sec. Dieu est devenu peu à peu cet horizon auquel il aspire. Ce cœur qui bat dans sa poitrine, il découvre en grandissant qu'il a les dimensions de l'infini. Qu'est-ce qui pourrait satisfaire son désir insatiable, sinon un Dieu inépuisable ?

Mais comment s'élever jusqu'à Dieu ? Heureusement, le Créateur ne s'est pas contenté de nous donner la vie : il en a encore fourni le mode d'emploi. Le jeune Paul, qui portait aussi le nom juif de Saül à côté de ce nom romain, s'est lancé avec passion dans l'étude des six cent treize commandements de la Loi de Dieu révélée à Moïse. Six cent treize commandements, selon le décompte des rabbins, cela fait beaucoup, même pour un jeune homme à l'âme conquérante. Six cent treize, dont deux cent quarante-huit commandements positifs (« Honore ton père et ta mère »...) et trois cent soixante-cinq interdictions (« Tu ne tueras point »...). Autant d'interdictions que de jours dans l'année. Six cent treize commandements à apprendre, six cent treize commandements dont se souvenir, six cent treize commandements, surtout, à mettre en pratique. Ce n'est pas un petit effort, mais qui a dit qu'il était facile de mériter le bon Dieu ? N'est-ce pas lui qui a fixé les règles, et décidé que le salut était à ce prix ? Que peut faire un bon croyant, sinon faire de son mieux ?

Peu à peu, pourtant, le jeune Paul a fait une douloureuse expérience : l'enthousiasme ne suffit pas. La bonne volonté ne suffit pas. Il ne suffit pas de connaître les commandements, il ne suffit pas de vouloir les accomplir, pour parvenir à régler sa vie sur eux avec exactitude. Il s'indigne toujours, bien sûr, avec des colères d'adolescent, contre l'hypocrisie de certains qui ont l'air pieux, qui vont tous les samedis à la synagogue où ils occupent la place d'honneur, mais qui dans le même temps sont colériques, avares, durs avec leurs ouvriers, leur femme, leurs enfants. Il s'indigne, mais il commence à sentir qu'il ne vaut peut-être pas mieux. Parce que lui non plus, les six cent treize commandements, il n'y arrive pas toujours. Il commence à faire l'expérience amère de sa propre faiblesse, qui l'humilie et le met en colère.

Je ne peux pas vous dire où sa volonté s'est trouvée en défaut, car Paul ne l'a jamais écrit ; mais il a su résumer la situation par une formule qui ne surprendra aucun de ceux qui ont cherché, un jour ou l'autre, à vivre une vie en accord avec leur idéal : « Vouloir le bien est à ma portée, mais non pas l'accomplir : je ne fais pas le bien que je veux, et je commets le mal que je ne veux pas[1]. » Sur la masse des commandements de Dieu, il y a tant de terrains où il est facile de se laisser déborder ! Il y a les plus connus, et les plus humiliants : la maîtrise de l'appétit et du désir sexuel ; et il y a aussi tout le reste : la colère, la jalousie, l'impatience, la vanité, tant de passions face auxquelles la bonne volonté ne suffit pas toujours. C'est une expérience somme toute assez commune, que nous avons probablement tous faite ; mais cela, Paul ne le savait pas encore.

Le jeune Paul, face à ses échecs, s'est d'abord dit que c'était de sa faute, et il se sentait coupable : il n'avait pas voulu assez fort. La prochaine fois, il suffirait d'être plus vigilant, de vouloir mieux, de vouloir plus. Cela marchait quelquefois : sur tel ou tel point, ses efforts portaient du fruit, il s'améliorait et se rapprochait de son idéal. Mais pas toujours. Et parfois, alors qu'il se pensait tiré d'affaire, qu'il croyait

---

1. *Lettre de saint Paul aux Romains*, chapitre 7, versets 18 et 19.

que sa bonne volonté avait enfin pris le contrôle de lui-même, patatras : tout était à recommencer. Et il ne renonçait pas, devant ses échecs répétés, à appliquer parfaitement les commandements de Dieu : il savait, ou croyait savoir, que c'était la condition pour mériter l'immense amour de Dieu.

Il n'osait pas se l'avouer, mais cette tension permanente ne le rendait pas très heureux. Ne pas parvenir, les années passant, à atteindre l'image de perfection qu'il visait pourtant de toutes ses forces lui faisait perdre peu à peu confiance en lui-même, sans pour autant attaquer sa détermination. C'était tout de même agaçant de ne pas y arriver, alors qu'il suffisait de le vouloir ! Mais il sentait bien que tous ses efforts l'asséchaient, lui durcissaient le cœur. À la maison, avec ses parents, ses frères, ses sœurs, qu'il aimait pourtant sincèrement, il pouvait se montrer très dur. Parmi ses camarades, il avait la réputation d'être inflexible, exigeant, et pour tout dire un peu pénible. Il en souffrait, car il se doutait bien que cette dureté l'éloignait encore davantage de l'idéal de la Loi qu'il cher-

chait à atteindre, cette Loi qui lui commandait
« Aime ton prochain comme toi-même [1] », alors
que bien souvent il n'aimait au fond ni l'un ni
l'autre. Il en souffrait, mais il ne savait pas comment faire pour s'en sortir, sauf à redoubler
d'efforts et de tension, ce qui ne faisait bien
souvent qu'aggraver le mal. Bref, cela n'allait
finalement pas si bien.

D'autant qu'il y avait, dans la vie religieuse
pourtant ardente du jeune Paul, un autre souci,
autrement plus ennuyeux : il était tout embar-
rassé de lui-même. On lui avait bien dit qu'il ne
fallait pas trop penser à soi, mais on avait oublié
de lui expliquer comment faire. On ne lui avait
sans doute pas encore cité la phrase de l'écrivain
Georges Bernanos, car il ne l'écrirait que vingt
siècles plus tard, « la grâce, c'est de s'oublier »,
mais il avait déjà bien saisi l'idée. Fort bien, mais
comment faire, se demandait-il ? Et plus il y
pensait, moins il s'oubliait : cercle vicieux s'il
en fut jamais. Cette exigence-là n'était-elle pas
affreusement paradoxale ? Comment se perfec-

---

1. *Livre du Lévitique*, chapitre 19, verset 18.

tionner sans passer son temps à se regarder ?
Comment pouvait-il s'assurer de respecter chacun des commandements, de n'enfreindre
aucune des trois cent soixante-cinq interdictions de Dieu, sans passer son temps à s'obser-
ver lui-même ? Depuis des années maintenant,
il travaille à devenir meilleur, à devenir quelqu'un de bien, quelqu'un d'estimable, quelqu'un qui méritera d'être aimé par Dieu ; il y
a mis toute son énergie ; sa propre personne,
c'est son petit chef-d'œuvre, auquel il travaille
avec abnégation. Certes, il ne l'admire pas
encore beaucoup, ce chef-d'œuvre, car il est
trop imparfait. Mais comment pourrait-il en
détourner les yeux ?

Malgré sa foi si vive, malgré son amour de
Dieu, malgré ses efforts incessants, Paul se sent
dans l'impasse. Alors même qu'il a toujours
tout fait comme il faut. Précisément parce
qu'il fait tout comme il faut, de son mieux.
Alors il sent peu à peu monter en lui une
immense colère. Contre qui peut-il la tourner ?
Contre Dieu ? Ce serait aller contre la Loi !
Contre ses proches, contre lui-même ? La

même Loi l'interdit tout autant. Le voilà donc à la recherche de boucs émissaires, d'ennemis de Dieu qu'il pourra haïr en toute légalité, sur qui il lui sera loisible de déverser toute sa fureur, tout son bouillonnement intérieur, tout son mal-être, sans rien enfreindre. Il entend parler d'un petit groupe de juifs dissidents tenant à Jérusalem un enseignement bizarre, à propos de leur gourou qui serait mort puis ressuscité, et qu'ils considèrent comme le Fils de Dieu ; un petit groupe qu'on n'appelle pas encore du nom de chrétiens. Pour le jeune Paul, cette secte de blasphémateurs tombe à pic : il va pouvoir haïr tranquille. Il n'est d'ailleurs pas le seul à les détester : une persécution frappe la communauté de Jérusalem, à laquelle il prend sa part.

C'est alors qu'il fait route vers Damas, pour étendre aux chrétiens de Syrie la persécution commencée à Jérusalem, que Paul va vivre l'expérience la plus forte de sa vie. Un choc qui le met par terre et l'aveugle ; et une voix qui lui dit : « Pourquoi me persécutes-tu ? » La vérité le frappe en plein visage : tous les efforts qu'il a déployés pour aimer Dieu l'ont conduit à l'exact contraire ; il croyait le servir de son mieux, mais il n'a réussi qu'à Le persécuter, Lui, le Dieu qu'il veut aimer de tout son cœur. Il le pressentait déjà, mais il le sait désormais : l'échec est total.

Dans le même temps, pourtant, Paul voit s'ouvrir devant lui une autre voie pour monter vers Dieu, et il va s'y engager. Il me rappelle un autre jeune homme, qui lui ressemble beaucoup : ce jeune homme riche venu trouver Jésus pour lui demander comment acquérir, comment mériter la vie éternelle [1] – non pas simplement la vie future, après la mort, mais la vraie vie, une vie plus intense et plus profonde qui doit bien exister, puisqu'il en ressent au fond du cœur un désir ardent. Comme Paul, il est riche de ses vertus, de sa bonne volonté ; il est riche de sa jeunesse, de cette vie encore ouverte, de tous les possibles qu'il a devant lui. Pourtant, quand Jésus lui indique ce qu'il cherche, lui fait voir la seule chose qui lui manque, il recule et s'en va tout triste. C'est

---

1. *Évangile selon saint Matthieu*, chapitre 19, versets 16 à 30.

que Jésus est exigeant avec ce jeune homme riche : il lui demande de renoncer à tout ce qu'il a, puis de le suivre. À Paul, sur le chemin de Damas, il ne demande pas moins. Donner tout ce qu'il a : pas tant ses biens matériels (Paul n'est d'ailleurs sans doute pas bien riche) que tout le reste. Donner ce qu'il a : ces certitudes inébranlables, qu'il n'hésite pas à jeter à la tête des autres ; la tension qui l'habite, sa colère, ses haines ; les fausses images de Dieu, cette perfection dont il s'était fait une idole terrible ; et jusqu'au petit chef-d'œuvre auquel il travaillait depuis tant d'années, ce petit saint de plâtre, ce Paul dont l'achèvement était l'objet de tous ses efforts. Paul, c'est le jeune homme riche de l'Évangile, mais un jeune homme riche qui dit oui à Dieu, qui abandonne tout et qui se met à la suite du Christ.

Que s'est-il donc passé, sur le chemin de Damas, pour que Paul ne sombre pas dans le désespoir, mais trouve au contraire dans l'événement une énergie hors du commun, qui ne faiblira plus jusqu'à sa mort ? Nous n'en connaissons pas tous les secrets, mais je crois qu'il nous en donne lui-même la clef quand il écrit quelques années plus tard à la turbulente communauté de Corinthe, qui lui donnera bien du fil à retordre. En quelques mots très denses, il revient sur une expérience fondamentale : « L'amour du Christ nous saisit, à la pensée qu'un seul est mort pour tous et qu'ainsi tous sont passés par la mort. Et il est mort pour tous, afin que les vivants ne vivent plus centrés sur eux-mêmes, mais sur Celui qui est mort et ressuscité pour eux[1]. »

Paul nous le raconte entre les lignes : ce jour-là, il a été saisi par l'amour du Christ, l'amour que le Christ a pour lui, un amour si grand qu'il a donné sa vie pour lui sur la croix. Pour Paul, qui avait jusque-là passé sa vie à tenter de mériter l'amour de Dieu, c'est un choc de se découvrir soudain aimé si totalement, et sans la moindre condition ; aimé alors qu'il n'a pas fait ce qu'il faut, mais plutôt tout le contraire, et qu'il est devenu le persécuteur de ce Dieu qui pourtant ne cesse pas de l'aimer. En même

---

1. *Deuxième lettre aux Corinthiens*, chapitre 5, versets 14-15.

temps qu'il découvre la simplicité bouleversante de l'amour de Dieu, il se découvre soudain aimable. Aimable, pas à cause de ses efforts un peu désespérés pour se hisser jusqu'à la perfection, mais aimable à un niveau bien plus profond de son être, dont il ne soupçonnait peut-être pas encore l'existence. Ce qui rentre dans sa vie ce jour-là, ce ne sont pas de nouvelles convictions concurrentes des précédentes, mais une certitude bien différente de toutes les autres : celle d'être aimé infiniment. Cela n'a l'air de rien, car les mots pour le dire sonnent toujours un peu niais, ou sentimentaux, mais pour lui cela change tout.

Cela change tout parce que, dès lors, sa vie ne lui appartient plus, et pourtant il n'a jamais été plus libre. Il n'est pas seulement libéré de l'obligation d'accomplir cette forêt de commandements innombrables, mais surtout de cette voix intérieure qui lui répétait : « Si tu n'y arrives pas, tu ne vaux rien, et Dieu ne t'aimera pas. » Il n'est pas libéré seulement d'obligations pesantes, mais encore d'une prison bien plus pesante : lui-même, ou plutôt ce désir de lui-même, ce désir de perfection ; ce « moi » qui l'encombrait depuis si longtemps, dont il ne savait pas comment se débarrasser ; ce « moi » qu'il appellera plus tard le « vieil homme ». Disparu, le vieil homme, fixé à la croix : le voilà devenu une créature nouvelle, libérée de ce désir de perfection qui l'étouffait, libérée de ces efforts incessants. Il se demandait comment cesser enfin de se regarder lui-même, et il découvre que c'est tout simple : il lui suffit de regarder autre chose, de regarder ce Christ qui l'aime. Il a découvert que la sainteté n'est pas l'accomplissement de telle ou telle consigne impérative, ni l'ascension héroïque et épuisante vers des sommets de perfection qui le défient, mais l'alliance, l'amitié avec le Christ, la vie avec Dieu. La révolution est toute simple, mais elle est totale.

Cette libération signifie-t-elle que les commandements ont disparu, et qu'il n'y a plus d'effort à faire pour aller vers Dieu ? Ne suis-je pas en train de présenter une religion de paresseux et de négligents ? Au contraire. Paul voulait correspondre à une image, à un modèle extérieur ; il découvre maintenant que Dieu est présent en lui, et qu'il ne peut plus vivre comme si Dieu n'était pas là. Un coup de foudre nous transforme plus profondément que la lecture du Code pénal. Paul va faire le bien, non parce qu'il craint le gendarme divin ou cherche à mériter son amour conditionnel, mais parce qu'il déborde de cet amour qu'il vient de recevoir en plein cœur. Cette morale aura ses exigences, et bien plus que la précédente, parce qu'elle ne demande pas de lui simplement telle ou telle action, mais le don de tout son être.

Il ne vit plus pour lui-même, pour réussir sa vie, mais il n'a jamais été autant lui-même. Il découvre peu à peu le véritable Paul : non pas celui qu'il rêvait d'être, mais celui qui existe en vrai, celui que Dieu a créé, celui que Dieu aime. Paul est converti. Il n'a pas simplement changé de religion, ni troqué un Dieu pour un autre. Il a passé sa propre mer Rouge, il a vécu une libération. C'est cette libération qu'il souhaite désormais partager à tous, quitte à traverser les mers, à risquer les naufrages, les arrestations, les flagellations publiques et pour finir la mort.

La liberté qu'il a découverte sur le chemin de Damas, c'est en elle qu'il baptise tous ceux qui l'écoutent parler de Dieu, parler du Christ. Il n'a d'autre souci que d'y conduire tous ceux qu'il rencontre, et son tempérament bouillonnant ne se mettra jamais en colère que lorsqu'il voit qu'à cette liberté, certains préfèrent s'enfermer dans leurs petits commandements, leur petite perfection, leur petit chef-d'œuvre personnel – au nom du Christ, même, parfois !

Quand il a prêché l'Évangile, la Bonne Nouvelle, à Philémon, il n'avait rien d'autre à lui annoncer que ce qu'il avait découvert au jour de sa propre libération, par l'amour surabondant et gratuit de Dieu, sur le chemin de Damas. Sans doute comprenez-vous alors pourquoi, dans sa lettre, Paul n'ordonne pas à Philémon d'affranchir Onésime, son esclave en fuite. Si le but de la lettre de Paul, c'était l'affranchissement d'Onésime, elle ne serait pas très efficace. Ce qui est efficace, on le sait, c'est de donner des ordres, une règle à suivre – ou peut-être de manipuler. Mais il a en tête une urgence plus importante encore que l'affranchissement d'Onésime : la libération de Philémon. Et pour cela, il convient de s'y prendre tout autrement.

_2._

Jeune étudiant en histoire, avant le choix de la vie religieuse, j'ai eu la chance de passer une année à Rome. Je n'étais pas un étudiant trop occupé. J'avais le temps de longues flâneries à travers les merveilles offertes par la ville. J'avais le temps de rencontrer des visages nouveaux et de lier des amitiés. Parfois, des journées entières ne se passaient qu'à cela : voir quelques belles choses, partager un café. Cet immense loisir, paradisiaque quand il ne dure que quelques jours, devenait plus pesant étiré sur des mois. J'aurais pu faire davantage, bien sûr, mais bientôt je n'y arrivai plus. Comme un estomac qui a perdu, à force de jeûner, la capacité de digérer des repas substantiels, je n'avais que peu à faire, mais je n'avais plus le temps de rien.

Inquiet de cette vie que menaçait une effrayante vacuité, j'imaginai un remède. J'avais découvert l'existence d'une petite église, presque invisible, à quelques mètres de chez moi.

On y célébrait la messe tous les matins, à 7 heures il me semble. Il me suffirait, pensais-je, de me lever chaque matin pour aller à cette messe : ma journée commencerait ainsi à un horaire énergique, par un retour à l'essentiel ; nul doute qu'elle y trouverait un rythme renouvelé, plein d'enthousiasme. La solution me paraissait excellente. Seulement, pour cela, il fallait me lever tôt. Trouvant l'effort au-dessus de mes forces, je conçus encore un plan machiavélique pour m'y contraindre. De retour chez moi pour des vacances – vous pensez si j'avais bien besoin de repos ! – j'allai trouver un prêtre qui voulait bien me servir d'accompagnateur, et je lui exposai ma solution : il devait, pensais-je, m'ordonner de me rendre à cette messe. Je me sentirais alors tenu par une forme d'obéissance, certainement suffisante pour sortir de mon lit.

Difficile d'oublier son air consterné devant ma requête ! « Je ne vais rien t'ordonner du tout. La vie chrétienne, c'est grandir en liberté, pas faire ce qu'on te dit. Si tu veux y aller, à cette messe, eh bien vas-y ; et si tu ne veux pas y aller, n'y va pas. » Je reçus ce jour-là ma première leçon de morale chrétienne. La première, et en un sens la seule : elle contenait toutes les autres. Du reste, revigoré par cet appel à ma responsabilité, à mon propre choix du bien, plutôt qu'à une obéissance puérile, de ce jour-là, je n'ai plus eu aucune difficulté à me lever pour me rendre tous les matins – parfois mal réveillé et habillé en toute hâte, je le confesse – à cette fameuse messe qui m'attendait en bas de mon immeuble. Et je retrouvai bientôt cette vie active et joyeuse qui auparavant s'étiolait peu à peu.

Je repense toujours à cet instant anodin, mais pour moi décisif, quand je relis la délicatesse avec laquelle Paul se tient au seuil de la conscience de son ami Philémon. J'écris « délicatesse », mais beaucoup y verront de la faiblesse, et une faiblesse criminelle. Certes, c'est très bien de ne pas asséner aux gens des leçons de morale, de ne pas décider à leur place, mais Paul a devant lui quelque chose de bien plus grave qu'un étudiant paresseux ou des bonbons chipés à la boulangerie : il s'agit d'esclavage, d'asservissement total d'un homme à un autre. Ne pouvait-il pas simplement écrire noir sur blanc ce qui nous semble l'évidence même : comme chrétien, Philémon ne peut pas posséder d'esclave ? Compte tenu de l'impact considérable qu'ont eu les lettres de Paul, que de souffrances et d'horreurs n'aurait-on pu épargner à l'humanité s'il avait pris la peine d'écrire ces quelques mots ?

Au lieu de cela, Paul finasse : « Alors que j'aurais dans le Christ largement le droit de te dire ce que tu dois faire, je préfère te faire une requête au nom de la charité » ; et plus loin : « je n'ai rien voulu faire sans ton accord, pour que tu accomplisses ce bien non pas sous la contrainte, mais librement. » On l'a connu plus direct, et même plus sanguin. Mais il y a une chose que Paul ne peut pas faire : forcer une conscience.

Notre déception, il est évident qu'elle a aussi traversé l'esprit de Paul. Il sait bien combien il lui serait facile d'ordonner à Philémon d'affranchir Onésime. Il l'a entendue, cette petite voix qui lui murmure : « Allons, c'est pour la bonne cause ! » La souffrance de l'esclave, il la connaît, mieux que nous sans doute, et il la sait intolérable. Philémon ne se plaindrait même pas : il l'admire tant. Il est prêt à faire tout ce que Paul lui dira. Lui forcer la main dans cette affaire, ce ne serait pas un grand mal, et il en sortirait un grand bien... Pourtant, à cette voix intérieure qui l'appelle à n'être pas trop regardant sur les moyens quand il s'agit d'arriver à ses fins, Paul ne cède pas. Il se souvient sans doute trop bien de quel pharisaïsme scrupuleux il a été libéré sur le chemin de Damas, et c'est ce qui motive son refus brutal de toutes les formes d'asservissement à la Loi sous lesquels nous aimons nous réfugier. Quand, dans ses lettres, il se met en colère (et quelle colère ! qu'on lise la lettre aux Galates pour en voir un exemple frappant), c'est toujours quand pointe la tentation, chez des chrétiens, de vivre la relation à Dieu sous une forme de servitude. Quand on invente de nouvelles règles, auxquelles on conditionne le salut : il faut être circoncis, il ne faut pas manger ceci ou cela... Il ne sait que trop bien combien le peuple hébreu, à peine libéré de l'esclavage d'Égypte, regrette bientôt cette dure condition : face à l'incertitude du désert, on se souvient que, chez Pharaon, la vie n'était peut-être pas drôle, mais on avait au moins l'assurance de manger tous les jours. La servitude – et surtout la servitude intérieure – a ses conforts, il le sait. La liberté, elle, est fragile. C'est pourquoi il convient de la sauvegarder à tout prix. Il est si facile d'oublier que la morale chrétienne ne nous demande qu'une chose : faire ce que nous voulons.

Et voilà, penserez-vous, voilà qu'on capitule devant l'esprit du temps, le relativisme, l'individualisme, et tous les -ismes les plus effrayants qui ne sont jamais qu'une manière savante de justifier l'égoïsme. La vie chrétienne, me dira-t-on, ce n'est pas de faire ce que je veux, mais ce que Dieu veut. Car faire ce que je veux plutôt que ce que Dieu veut, n'est-ce pas précisément ce que, depuis des siècles, on appelle le péché ? Regardons Adam et Ève, me dira-t-on encore. S'agissant de péché, Adam et Ève, quelle que soit l'interprétation qu'on donne de leur existence historique, c'est tout de même une référence sérieuse. Or l'histoire est très claire : Dieu leur interdit de manger le mystérieux fruit ; ils veulent le manger quand même ; ils le mangent, et cette transgression du commandement de Dieu, c'est ce que la Bible appelle le péché.

Comme souvent, pourtant, surtout avec les textes que nous pensons bien connaître, la réalité est un peu plus complexe – et plus intéressante ! Dieu n'a pas dit à Adam et Ève : « Je vous interdis de manger ce fruit », mais bien : « Si vous mangez de ce fruit, vous mourrez. » Quelle image de Dieu avons-nous donc dans la tête, pour penser aussitôt que ce « vous mourrez » signifie « je vous tuerai » ? Quel Dieu déciderait arbitrairement d'interdire quelque chose de bon, comme cela, pour le plaisir, et punirait de mort la transgression ? Certainement pas le Dieu de Jésus Christ. Croit-on que, quand des parents expliquent à leurs enfants de ne pas mettre les doigts dans la prise, au risque de mourir, c'est parce qu'ils comptent les punir de mort ? Peut-être faut-il admettre que Dieu, qui se présente avec tant de constance comme un père, comme le Père par excellence, préfère lui aussi prévenir que punir.

Le Dieu qui interdit quelque chose de bon par caprice, ou par méchanceté, et qui menace les transgresseurs, la Bible en parle pourtant. C'est exactement le Dieu dont parle le serpent à Adam et Ève. Leur péché, précisément, c'est de le croire. De croire que Dieu est malveillant à leur égard, qu'il souhaite les limiter et les mutiler pour son plaisir, qu'il leur interdit de bonnes choses parce qu'il ne les aime pas. De ne pas comprendre que Dieu les a simplement avertis, pour leur bien. Que la vie n'est pas un terrain où ma volonté et la volonté de Dieu s'opposent, et où l'une ne progresse qu'au détriment de l'autre : je veux goûter le fruit, Dieu ne le veut pas, et dès lors je n'ai d'autre choix que la soumission ou la révolte. La réalité est un peu différente : je veux vivre, et Dieu veut que je vive. Nous voulons la même chose : le bien, mon bien. Dieu ne m'interdit rien, mais il m'avertit que les moyens que je veux employer, parfois, sont très mal choisis.

L'erreur d'Adam et Ève, pour le dire autrement, c'est de confondre l'interdit et l'impossible. Dieu leur dit qu'il est impossible de manger le fruit et de vivre ; ils comprennent que manger le fruit est interdit, alors même que cela leur ferait du bien. Tous les commandements de Dieu, pourtant, ne font que nous avertir de ce qui est impossible. La tentation, c'est de rêver un autre monde, où l'impossible n'existe pas. Un monde où Adam et Ève peuvent manger du fruit mortel de l'arbre et ne pas mourir. Un monde où on peut se droguer, mais en restant libre, sans dépendance ; où on peut inviter au restaurant la charmante stagiaire du boulot tout en restant un père de famille exemplaire ; où on peut se montrer cruel ou mesquin envers quelqu'un sans devenir véritablement cruel et mesquin ; où on peut être à la fois voleur et fier de soi. Un monde où nos actes seraient sans gravité. Un monde où l'on peut être pécheur et heureux. Et le tour de force du tentateur, depuis le serpent d'Adam et Ève, c'est de nous faire croire que rien de cela n'est impossible, mais que c'est tout simplement interdit.

Il y a deux façons de prêter l'oreille à ce tentateur. La plus évidente consiste à se révolter devant ce Dieu tyrannique et jaloux ; mais on peut aussi accepter sa domination, s'en faire l'esclave. Dans les deux cas, quelle catastrophe !

quel contresens devant ce que le vrai Dieu essaie de nous dire ! Car il n'y a qu'une façon de faire la volonté de Dieu : c'est en l'aimant, en croyant qu'elle est bonne pour nous, qu'elle nous conduit à un bien véritable. C'est donc en la voulant librement. Certainement pas en fermant les yeux et en courbant la tête. Il ne s'agit pas d'obéir, mais de comprendre – et en comprenant, je vais sans doute trouver le bien désirable, et le mal dangereux. J'agirai alors librement, parce que j'aurai reconnu mon bien et le rechercherai de mon plein gré. Alors je ferai véritablement ce que je veux, et ce que Dieu veut.

En effet, l'ennui, si je confonds la vertu avec une soumission pénible (et d'autant plus méritoire, bien sûr, qu'elle est pénible) à une volonté divine incompréhensible, c'est qu'alors je continue à penser, dans un petit coin de ma tête, que ce péché que je m'interdis de regarder, il me ferait pourtant du bien. Si Dieu est un tyran, même si j'entends lui obéir, la transgression aura toujours des couleurs séduisantes. Que de rapports ambigus et malsains au mal prennent leur source dans cette confusion, qui nourrit bien des addictions et des sentiments de malaise ! C'est qu'on continue à croire que le mal n'est que dans la transgression, alors que c'est au contraire le péché lui-même qui nous détruit. Tous les confesseurs savent comme moi que le sentiment dominant du pécheur, ce n'est pas la honte de l'aveu – qu'il faut pourtant bien du courage à surmonter –, mais le malheur. Une douleur presque physique qu'il y a à raconter quelque chose que je trouve injustifiable, et qui pourtant est ma vie. On ne peut pas être heureux contre sa conscience. On ne peut pas être heureux quand on est en guerre avec soi-même.

Paul n'est pas un naïf ni un indifférent. S'il ne dit pas à Philémon ce qu'il doit faire, ce n'est pas parce qu'à ses yeux, les deux options se valent et qu'il peut bien, après tout, au nom de sa liberté, affranchir Onésime ou le châtier. Paul sait très bien qu'il y a, dans ce choix, un bien évident et un mal évident. Mais il sait aussi qu'il n'aura rien obtenu s'il oblige simplement Philémon à bien agir ; encore faut-il qu'il le veuille, qu'il y reconnaisse le bien, en conscience. Et cela, Paul ne peut pas le faire à sa place.

C'est que, comme Paul l'a découvert sur le chemin de Damas, la vie chrétienne ne peut être un ensemble de choses à faire pour mériter l'amitié de Dieu, mais l'accueil de cette amitié que le Christ propose. Et cette amitié, comme toute amitié vraie, ne s'impose pas à coups de commandements : elle se choisit librement. C'est elle qui, peu à peu, transforme le cœur de l'homme, qui peut changer non parce qu'il se sent coupable, mais parce qu'il se sait aimé. C'est le cas de toutes les conversions spectaculaires de l'Évangile. Si Zachée le collecteur d'impôts change du tout au tout, s'il cesse du jour au lendemain de se servir dans les taxes qu'il prélève sur ses compatriotes au nom de l'occupant romain et décide de rembourser tout ce qu'il s'est illégitimement approprié, ce n'est pas parce que Jésus est venu lui faire la morale[1]. Il ne lui a pas dit que le vol, c'était mal. Il s'est

---

1. *Évangile selon saint Luc*, chapitre 10, versets 1 à 10.

seulement invité chez lui. Il l'a regardé avec amitié, et cette amitié a tout changé.

Voilà pourquoi il n'y a pas, dans la foi chrétienne, de vie morale sans vie spirituelle. Parce que c'est l'amitié avec le Christ, c'est la présence de Dieu en nous – que nous appelons l'Esprit saint – qui peut à la fois nous éclairer sur ce qui est bon, nous donner envie de l'accomplir et nous libérer patiemment de tout ce qui nous en retient. C'est la fréquentation de Dieu, la familiarité avec Dieu, qui seule nous libère du péché qui nous empêche de faire ce que nous voulons, qui détruit notre liberté. La prière, la messe, les sacrements, ne sont pas des conditions préalables à cette amitié, mais des éléments qui viennent la nourrir et la faire grandir. Le travail de Paul auprès de Philémon, ce ne peut être que d'assister le travail, premier et essentiel, de l'Esprit Saint. Paul est au service d'une conversation qui n'est pas la sienne, dont il n'est pas un interlocuteur mais seulement le ministre : celle de Philémon et de l'Esprit Saint. La tentation serait grande, bien sûr, de sortir de ce rôle et de chercher à se montrer plus actif, plus précis, plus pressant. Nul doute que Paul a bien des idées sur ce qu'il dirait à Philémon, s'il était à la place de l'Esprit. Mais précisément, il sait qu'il n'y est pas ; et il s'en réjouit.

Ce qui est en jeu ici, ce n'est rien de moins que le salut de Philémon. Car le salut ne concerne pas seulement son devenir *post mortem*, son destin après cette vie-ci. On envisage d'ailleurs trop souvent ce dernier comme s'il s'agissait d'un passage en classe supérieure, autorisé ou refusé par un conseil de classe plus ou moins accommodant selon des critères un peu invraisemblables, incohérents et arbitraires : on se demande si l'on a tout bien fait, si l'on a assez travaillé, et surtout si le conseil sera clément ; en un mot, si « ça passe ». On se demande alors quel est le niveau d'exigence du Bon Dieu pour nous admettre au paradis ; s'agit-il, comme des cancres de la vie éternelle, de ne faire que le minimum vital ? C'est que la vie éternelle, c'est tout autre chose. Commencée dès notre vie, elle n'est pas autre chose que cette familiarité avec Dieu, cette vie sous la conduite de l'Esprit qui peu à peu nous transforme en filles et fils de Dieu. Le salut n'est pas la récompense de notre amitié avec le Christ : le salut, c'est cette amitié même, qui nous unit à Dieu pour l'éternité. Dès lors, la question n'est plus de savoir si nous avons accompli ceci ou cela, ou si Dieu voudra bien nous pardonner ce petit écart, mais de nous donner entièrement dans cette amitié que Dieu nous offre. Se lancer dans cette arithmétique, qu'on ait de Dieu l'image d'un juge inflexible et terrible ou d'un papy gentiment laxiste, c'est dans les deux cas n'avoir pas compris la nature même du salut. Les comptes d'apothicaire n'ont pas grand-chose à voir avec le grand amour. Quand les premiers se demandent ce qu'il faut donner, au plus juste, le second ne demande qu'une chose : tout.

Cette morale qui se fonde dans la vie spiri-tuelle, cette morale qui s'enracine dans l'amitié avec le Christ, n'est pas moins exigeante que celle qui ne demande que notre obéissance à des règles. Elle l'est même bien davantage, parce qu'elle n'attend pas de nous seulement tel geste, le sacrifice de tel plaisir ou de telle demi-heure : elle ne demande pas moins que notre être tout entier. Car nous ne pouvons entrer dans cette amitié sans y entrer avec toute notre personne. Une personne encore imparfaite, sans doute, mais Dieu saura bien nous conduire, pour peu que nous soyons vraiment là, décidés à le suivre. C'est peut-être parce que nous sentons ce que cette morale a d'exigeant, et même d'exorbitant, que nous nous dérobons si souvent, préférant l'autre, celle de l'obéissance aux commandements, finalement tellement plus facile.

Voilà pourquoi la Bible nous présente Dieu si souvent insatisfait de ce peuple qu'il appelle à lui : « Ils me présentent leur dos, se plaint-il, quand je voudrais voir leur face. » Ils préfèrent être des esclaves à qui on ordonne et qu'on châtie, plutôt que des amis que l'on regarde dans les yeux. Nous croyons chercher la face de Dieu, mais c'est lui qui recherche la nôtre, inlassablement, parce qu'il sait que ce face-à-face pour lequel il nous a créés, c'est le seul horizon qui soit à la mesure de notre cœur en quête d'infini.

3.

Des méthodes du plus efficace, du plus décisif des évangélisateurs de l'histoire, nous ne savons finalement que peu de choses. Paul a, par son énergie, par sa ténacité, permis à la communauté chrétienne de dépasser les frontières étroites du monde juif et palestinien, et au salut en Jésus-Christ de traverser les mers. Dans toutes les villes où il se rend, la foi prend racine, grandit, s'épanouit. Cela ne va pas sans des difficultés, dont ses lettres témoignent souvent, mais ce sont des crises de croissance, qui n'existent que parce que la foi est vivante et agissante. Et pourtant, il n'a rien : ni argent, ni page Facebook, ni techniques marketing. Rien que sa parole, et cette vie avec le Christ qu'il laisse peu à peu le transformer. Mais concrètement, comment s'y prenait-il ? Nous n'en savons rien. C'est regrettable, car nous aurions bien besoin de connaître le secret d'une telle efficacité, nous qui trop souvent ne savons guère comment annoncer le Christ à ceux qui nous entourent et, de plus en plus nombreux, ne le connaissent pas.

Nous n'en savons rien, ou plutôt nous n'en voyons que peu de choses. La lettre à Philémon soulève un tout petit pan du manteau que le temps et l'oubli ont jeté sur la prédication de Paul, en nous montrant l'apôtre à l'œuvre, avec un homme à qui il a annoncé l'Évangile et qu'il s'efforce de faire grandir dans le Christ. Qu'est-ce qui saute aux yeux ? Que l'évangélisation est d'abord une affaire d'amitié. Elle déborde de toutes les lignes. Comme si l'amitié avec le Christ était une affaire contagieuse. Comme si nous n'avions d'autre moyen, pour annoncer à quelqu'un l'amour de Dieu, que de l'aimer à notre tour. Pour transmettre à Philémon cette liberté reçue en partage, et en pleine figure, sur le chemin de Damas, Paul n'a pas d'autre méthode que d'inclure Philémon dans cette communion d'amitié où il est tombé ce jour-là.

L'affection, pourtant, n'est pas toujours libératrice. Nos mémoires familiales sont pleines de parents à l'amour étouffant, de belles-mères envahissantes, d'amis tellement présents qu'on ne s'entend plus respirer. Il ne suffit pas de vouloir le bien des gens pour leur faire du bien. Il est des baisers qui asphyxient. Ils courent le monde, les « pères » plus ou moins spirituels qui veulent imposer, avec leur affection, leur autorité et leur pouvoir. Paul, qui prend tant garde à veiller sur la liberté de Philémon, sait bien faire la différence entre un apôtre et un gourou. C'est qu'il ajoute à son amitié sincère une vertu décisive et délicate, dont il fait ici la démonstration : la vertu de chasteté.

Je ne sais combien de siècles de pudibonderie sotte il a fallu pour transformer ce mot, par un malentendu tragique, en repoussoir absolu, synonyme un peu moyenâgeux d'inhibition sexuelle et de naïveté ridicule. Si la relation de Paul à Philémon est chaste, ce n'est évidemment pas parce qu'il n'est pas question, entre eux, de relations sexuelles. La chasteté n'est pas l'absence de relations sexuelles : selon sa définition la plus classique, elle consiste à n'aimer, dans l'autre, rien d'autre que lui-même. C'est l'aimer pour ce qu'il est, et non pas pour ce qu'il m'apporte. Il y a des manières d'aimer qui sont des manières de dévorer – comme quand on dit qu'on aime la viande, ou le chocolat. Et me servir de la personne, que je dis aimer, pour mon simple plaisir sexuel n'est qu'une des nombreuses manières qu'on peut avoir de consommer quelqu'un : promotion sociale, réassurance narcissique, vie par procuration, le catalogue est infini, et il n'y a qu'à se servir. Je puis parfois m'aveugler au point de croire que cette manière de faire s'appelle de l'amour.

L'amour chaste, l'amour qui ne met pas la main sur l'autre, est un effort, une véritable ascèse, surtout quand je suis convaincu que rien ne me fait agir que le souci du bien de l'autre : je ne veux que lui éviter une erreur, un échec, une souffrance. Peut-être ne vois-je plus en lui une personne à aimer, mais une occasion de déployer mes qualités de Saint-Bernard, ma sagesse jamais prise en défaut ou mon besoin pathologique d'être enfin nécessaire à quelqu'un.

Si Paul ne se laisse pas aller à prendre les rênes de la vie de Philémon, c'est parce qu'il sait que la chasteté est une vertu libératrice. Elle l'est pour Philémon, qui trouve dans cette amitié respectueuse la force et l'espace nécessaires à aimer le bien librement, à choisir le bien parce qu'il est bon, et non pour faire plaisir à Paul ou par crainte des représailles de Dieu. Mais elle n'est pas moins libératrice pour Paul, car elle le libère de lui-même, de tout ce qu'il pourrait chercher à accomplir en Philémon – du besoin d'être un apôtre efficace à celui d'avoir toujours raison. C'est qu'on s'épuise à ne chercher dans autrui que des figures de soi-même. Il faut accepter de s'en retirer pour goûter enfin la pure joie de la rencontre et de l'amitié.

Par quelle curieuse catastrophe la vertu de chasteté, si essentielle à la vie chrétienne – car elle seule nous permet de vivre ce don du Christ, l'amour les uns pour les autres où il nous appelle à le rejoindre –, en est-elle venue à ne désigner que l'absence de relations sexuelles ? Il est des compréhensions tellement rabougries qu'elles deviennent des trahisons. Car s'il est vrai que la sexualité peut être le lieu d'un asservissement, du mien comme de la personne que je prétends aimer, s'il est certain qu'elle peut être l'expression d'une obsession de moi-même plutôt que l'éblouissante rencontre de l'autre, il faudrait être bien naïf pour croire que s'en passer suffise à m'en prémunir et à assurer des relations chastes. La chasteté est l'horizon de tout amour : celui qui se vit dans les relations sexuelles comme celui qui se vit sans elles. Si j'ai fait le choix de la vie religieuse, c'est bien que je crois que l'absence d'activité sexuelle peut être un chemin pour apprendre à aimer avec justesse. Mais cette absence n'a pas de valeur en soi ; comme les relations sexuelles, du reste, cette absence n'est qu'un instrument pour apprendre à aimer davantage, et comme tout instrument, elle peut aussi bien servir au contraire de ce pour quoi elle est faite. Un caillou n'est pas chaste. Il ne fait pas l'amour, certes, mais il n'aime personne : si je cherche à vivre comme lui mon rapport à la sexualité, je risque de finir avec un cœur aussi sec que lui.

Si la chasteté est l'horizon de toute sexualité, c'est qu'elle donne le sens de toute cette chair qui, bien souvent, nous embarrasse, et dont, dans la vie spirituelle, nous ne savons pas trop quoi faire. La vie avec l'Esprit saint ne serait-elle pas plus simple, si nous étions de purs esprits ? Ce n'est pourtant pas dans ces vies rêvées, d'éther et de musique angélique, que Dieu vient se révéler, mais dans nos vies de chair et de sang, nos vies d'hommes et de femmes de désir. La chasteté nous souffle à l'oreille ce à quoi peut bien servir toute cette chair qui nous occupe tant l'esprit et qui revient, il faut l'avouer, bien plus souvent en confession ou en entretien que les questions liées à l'esclavage. Elle nous dit que notre désir et notre sexualité ne sont pas des forces inutiles qui ne visent qu'elles-mêmes, mais qu'ils ont un but : m'apprendre à aimer davantage, à me donner en profondeur.

C'est du reste ce que Paul expliquait un peu plus tôt à la communauté chrétienne de Corinthe, manifestement travaillée par une sexualité qu'elle peine à intégrer dans sa vie spirituelle, avec une formule qu'il ne faut pas lire trop vite : « La femme ne dispose pas de son corps, mais le mari ; pareillement, le mari ne dispose pas du corps, mais la femme[1]. » Il serait calamiteux, et bien peu paulinien du reste, d'y voir une invitation à se soumettre au désir de l'autre dans le « devoir conjugal », au prétexte que « la femme ne dispose pas de son corps, mais le mari » ! Paul n'invite pas à l'assujettissement du désir au désir de l'autre, même de manière réciproque : ce serait une violence terrible, qui n'aurait pas grand-chose à voir avec de l'amour. Il vise en réalité quelque chose de bien plus fondamental : la sexualité authentique n'est pas centrée sur elle-même, obsédée par sa propre jouissance, mais elle est don ; c'est l'autre qui donne sens à mon propre corps. C'est parce que je le donne, non dans une soumission contrainte mais dans une communion joyeuse, que ce corps, avec ses désirs, devient ce qu'il est réellement : non une mécanique autonome, mais une partie intégrante de moi-même. Paul ne fait que redire, dans un domaine plus précis, l'expérience fondamentale de liberté qu'il a faite sur le chemin de Damas : « Afin

---

1. *Première lettre de saint Paul aux Corinthiens*, chapitre 7, verset 4.

que notre vie ne soit plus centrée sur elle-même... » Et comme toujours, c'est quand je me donne que je commence à être véritablement moi-même.

La vertu de chasteté ouvre des horizons qui permettent de quitter l'alternative catastrophique, entre rigidité et laxisme, dans laquelle nous sommes trop souvent enfermés à ce sujet. La perspective de Paul, on l'a vu, la perspective chrétienne, ne cherche pas à faire entrer la sexualité humaine dans les couloirs étroits du permis et de l'interdit. Il est si tentant, pourtant, de retrouver ces notions rassurantes qui nous épargneraient un douloureux travail de responsabilité et de discernement, à la recherche du bien véritable. Voilà pourquoi, sans doute, tant de gens recherchent des normes en matière de sexualité – normes qu'ils demandent à l'Église, ou plus souvent aux numéros spéciaux « Tout sur le sexe » fort peu racoleurs que les magazines ne manquent pas de faire paraître chaque année avec le retour des beaux jours. Car s'il est un domaine où nous pouvons nous sentir dépassés, c'est bien celui-là. Je vois bien ce qu'il y aurait de rassurant à établir une liste détaillée et exhaustive de toutes les pratiques recommandées, autorisées, vaguement tolérées ou sévèrement défendues : quoi, où, comment, combien de temps...

À un jeune qui s'interroge sur ce qu'il doit faire de cette puissance extraordinaire, et bien difficile à contrôler, qu'il sent en lui, on peut juger que répondre par la chasteté, la véritable chasteté, serait compliquer inutilement les choses. Tout est question de priorité : faut-il par-dessus tout l'aider à grandir en liberté, ou d'abord lui éviter de s'engager sur une pente dangereuse vers laquelle le monde ne le pousse déjà que trop, risquant de le conduire à expérimenter un peu trop vite, et trop légèrement, les « actes exclusifs des époux », comme dit pudiquement le magistère ? La liberté n'est pas sans risque : qui sait ce qu'il choisira ? La prudence nous le dit : poser un interdit et lui faire éprouver honte et crainte à ce sujet serait sans doute une méthode plus sûre, d'autant plus efficace pour se prémunir des dérapages qu'elle peut s'appuyer sur les angoisses déjà naturellement présentes en chacun que provoquent la sexualité et la découverte de l'autre.

J'ai rencontré trop de jeunes ayant eu à subir ce genre d'approche culpabilisante pour croire réellement à leur efficacité : outre qu'elles nouent des malaises existentiels durables, ces façons d'agir infantilisent et provoquent une relation ambiguë au péché lui-même. L'inhibition n'est pas la vertu, mais sa caricature, peut-être son cadavre. Si le péché, c'est un bien désirable mais interdit, alors j'aurai beau me soumettre à la loi divine, une partie de moi continuera à chercher la première occasion de le saisir ; occasion dont j'aurai ensuite honte, qui me fera perdre confiance en moi-même et risque de m'enfermer dans une nasse de culpabilité morbide, où la sexualité n'est qu'une activité honteuse et glauque à laquelle je me livre malgré moi. Je ne suis pas sûr que ce soit un objectif souhaitable, ni une manière saine et chrétienne d'envisager la sexualité. Il est bien plus efficace, évidemment, d'apprendre à reconnaître et à aimer le bien véritable. Le bien est-il si peu attirant qu'il nous faille jouer sur la peur du mal ?

À tout prendre, j'aime encore mieux la réponse déroutante que fit – à ce que raconte la mémoire du couvent – un vieux frère dominicain, aujourd'hui décédé, à un jeune homme certainement soucieux de bien faire, qui lui demandait s'il lui était permis, en bon catholique, de caresser la poitrine de sa fiancée. À sa grande stupéfaction, le frère lui avait répondu, de l'air le plus sérieux du monde : « Le lundi, le mercredi et le vendredi, le sein droit ; le mardi, le jeudi et le samedi, le gauche ; le dimanche, rien du tout. » J'espère qu'il a su lui expliquer par la suite ce qu'il venait de lui montrer par l'absurde : l'impasse à laquelle mène l'approche étriquée dans laquelle il était enfermé, faisant de l'Église un club au règlement tatillon.

Est-ce à dire que l'Église, dans ce domaine, n'a rien à nous dire ? Si je le croyais, je n'écrirais sans doute pas ce chapitre. L'Évangile est toujours une libération, et en la matière, il y a beaucoup à libérer. Qui aurait la naïveté de croire qu'il suffirait de rejeter les fameux interdits oppressifs de la morale judéo-chrétienne pour être libre face aux sentiments, face au désir ? Être libre, c'est être capable de faire ce que je veux. Ce que je veux, et non pas ce dont j'ai envie sur le moment, qui bien souvent s'opposent et même s'excluent. Mais bien malin qui peut dire ce qu'il veut vraiment en la matière. Il y a tant de forces en jeu qui échappent à la volonté et qui n'aident pas à y voir clair. Il y a, bien sûr, les injonctions paradoxales de ces fameux magazines qui enjoignent à la fois d'avoir une activité sexuelle débridée et décomplexée, et une vie sentimentale parfaitement romantique. Il y a aussi, en chacun, tout un bouillonnement d'hormones et de processus physiologiques qui ajoutent à l'irrationalité du désir. Il y a les sentiments qui ont leur propre logique sur laquelle nous n'avons pas toujours de prise évidente : le sentiment amoureux est, on le sait bien, un enfant de bohème qui vient et va à sa guise, et le « je t'aime » prononcé hier avec une parfaite sincérité peut perdre demain toute sa saveur d'authenticité. Il y a aussi les modèles que l'on souhaite imiter, les valeurs que l'on entend incarner, les cadres de vie auxquels nous voulons croire. Il y a encore les blessures qu'on transporte longtemps avec soi, les images qui nous hantent, les mots qui nous troublent. Il y a enfin, et ce n'est pas une petite affaire, il y a les peurs : l'angoisse de ne pas être à la hauteur, qu'accompagne le besoin de se rassurer sur sa virilité ou sa féminité ; la crainte de rester seul toute sa vie, de ne pas mériter d'être aimé ; et la peur puissante, primitive, devant la force du désir qui donne parfois envie de fuir, de faire comme si tout cela n'existait pas, ou en tout cas ne nous concernait pas.

En proposant la chasteté comme horizon à la sexualité, en rappelant que la sexualité est au service de l'amour et du don, la foi chrétienne ne vient pas compliquer l'équation déjà bien embrouillée en y ajoutant une contrainte de plus. Elle offre un critère, et un critère de libération. La chasteté n'est pas seulement respectueuse de l'autre : elle est encore pleinement libératrice pour moi. C'est une vérité étonnante, sans doute, mais que chacun peut éprouver : en matière de sexualité, c'est la chasteté qui libère. Moins une sexualité est chaste, plus elle fait de l'autre un instrument à utiliser plutôt qu'une personne à aimer, et plus elle est aliénante. Qu'on songe à la pornographie : c'est précisément parce qu'elle ne permet aucun don, aucun contact, aucun amour, qu'elle cause tant d'addictions qui sont autant de prisons. La chasteté, paradoxalement, est la véritable « libération sexuelle ».

L'enseignement de l'Église, souvent jugé intrusif et culpabilisateur, et qui parfois est présenté d'une façon qui ne confirme que trop ce jugement, ne vise pourtant que cette perspective de libération. En écrivant aux chrétiens de Corinthe, décidément un peu perdus sur la question, Paul ne disait pas autre chose : « Tout est permis », rappelait-il, soulignant que l'enjeu n'est pas de savoir ce qui est licite et illicite, « tout est permis, mais tout n'est pas profitable ». Ce n'est pas parce que Dieu ne m'interdit rien que je dois faire n'importe quoi, sans me soucier de ma liberté de choisir le bien. Paul ajoute du reste, pour être sûr qu'on le comprenne bien : « Tout m'est permis, mais je ne me laisserai, moi, dominer par rien[1]. » Il ne s'agit pas de me plier à des règles arbitraires, mais de dépasser la tyrannie du sentiment ou du désir, en les mettant tous deux au service d'un amour plus grand, qui leur donne sens et direction. C'est pour cela que l'Église rappelle, par exemple, que le don complet de soi, qui ne se reprend pas, le don plénier véritable, c'est celui que vit un couple dans le mariage : non pour stigmatiser les couples qui vivent autrement, ni qualifier leur relation d'amour de « vie dans le péché », mais d'appeler à une chasteté plus haute, à un amour plus profond.

Car la chasteté, comme toute vertu, n'est pas une question simplement binaire – je suis « dans les clous » ou je n'y suis pas. C'est un chemin, dans lequel on progresse. Parce qu'aimer chastement réclame du temps. On peut dire d'elle ce qu'un Père du désert disait de la virginité : cela s'apprend. Il n'y a pas une pureté, une innocence originelle à conserver intacte contre les salissures du monde. Il y a, dans le domaine des

---

1. *Première lettre de saint Paul aux Corinthiens*, chapitre 6, verset 12.

sentiments et du désir comme ailleurs, à apprendre à vivre pleinement de l'amour de Dieu ; et comme ailleurs, cela demande du temps, des efforts, souvent des échecs. Comme tout chemin de liberté, elle n'est pas sans risque. Mais c'est un risque à courir, car c'est sur ce chemin que le Verbe de Dieu vient prendre chair, jusque dans ma chair même.

4.

Il y a des sorties de messe difficiles pour un prédicateur. Ce n'est pas tellement les jours où il a manqué d'inspiration : les fidèles sont d'ordinaire indulgents à cet égard. Mais ce sont les dimanches où il a dû, non sans frémir, lire une de ces pages de l'Évangile qui sont, pour beaucoup de chrétiens, presque impossibles à entendre. Non pas les pages où il est question d'enfer, de pleurs et de grincements de dents, mais celles qui suscitent presque immanquablement, chez beaucoup de chrétiens sincères et dévoués, l'incompréhension ou la révolte : toutes ces paraboles où Jésus parle d'un pécheur apparemment préféré aux justes, d'un petit frère qui fait n'importe quoi tandis que son grand frère resté sagement à la maison passe pour le méchant de l'histoire, d'ouvriers qui commencent leur journée de travail une heure avant la fin, mais trouvent tout naturel d'être payés autant que les autres... « Ton regard est-il mauvais parce que moi, je suis bon[1] ? », demande le maître de la vigne – qui, dans la parabole, tient la figure de Dieu – à l'ouvrier qui, lui, a trimé toute la journée et ne touche pas un centime de plus que les autres. Dans la parabole, l'ouvrier ainsi pris à partie ne répond rien. Mais j'en connais plus d'un qui n'auraient pas cette réserve, et qui ne se priveraient pas de répondre : « Si avoir pris la peine de travailler toute la journée ne me rapporte rien, si l'on n'est pas plus récompensé que les autres, alors peux-tu me dire pourquoi j'ai fait tout cela ? Pourquoi je suis venu à la messe tous les dimanches, avec mes enfants qui traînaient des pieds ? Pourquoi je me suis investi pour le caté, pour la chorale, alors que j'avais vraiment autre chose à faire ? Pourquoi j'ai fait l'effort d'être généreux avec les pauvres et fidèle à mon conjoint ? Pourquoi tous ces efforts pour être un bon chrétien ou une bonne chrétienne, si cela ne change rien ? Au contraire, on a toujours l'impression que ce sont les autres que tu préfères... »

---

1. *Évangile selon saint Matthieu*, chapitre 20, verset 15.

Le chemin de liberté que Dieu ouvre à Philémon, qu'il ouvre à chacun de nous, nous rend joyeux quand nous le recevons pour nous, mais parfois un peu plus suspicieux quand nous le voyons s'ouvrir devant les autres. Est-ce qu'ils ne vont pas en abuser, se montrer irresponsables, peu dignes de la confiance que Dieu place en eux ? Cette façon qu'a Dieu de se donner à tous, gratuitement, est-ce vraiment bien juste ?

Ce doute et cette inquiétude n'ont sans doute rien d'illégitime : dans l'Évangile, ils ne sont pas exprimés seulement par quelques pharisiens frustrés et irrités d'apprendre que les publicains et les prostituées les précèdent dans le Royaume de Dieu. Ils sont encore présentés à Jésus, avec beaucoup d'humanité et de franchise, par une de ses amies les plus proches, Marthe, déroutée par cette manière de faire du Seigneur[1]. Elle n'a bien sûr pas entendu parler de Paul et de Philémon, qui sont encore très loin de tout cela, mais déjà elle trouve que c'est peut-être un peu facile, cette histoire d'amitié avec Dieu qui ne

---

1. *Évangile selon saint Luc*, chapitre 10, versets 38 à 42.

passe pas par l'accomplissement de tel ou tel commandement. Parce que très concrètement, cette histoire de liberté, cela veut dire que sa sœur Marie reste tranquillement assise dans le salon avec Jésus, sans lever le petit doigt pour l'aider en cuisine. Il faut bien le reconnaître, cela n'est pas très juste. Voilà donc qu'elle se plaint à Jésus, avec un peu d'humeur : « Seigneur, cela ne te fait rien que ma sœur me laisse servir toute seule ? Dis-lui donc de m'aider ! » Pourtant Jésus n'a pas l'air particulièrement compréhensif à l'égard de cette demande si légitime, et lui répond tout à côté : « Marthe, Marthe, tu te donnes du souci et tu t'agites pour bien des choses. Une seule est nécessaire. Marie a choisi la meilleure part, elle ne lui sera pas enlevée. »

Devant cette page d'Évangile bien connue, mais difficile, tous ou presque s'identifient à Marthe, bien plus qu'à sa sœur dont on ne sait finalement pas grand-chose, sinon qu'elle ne veut pas se fatiguer. Derrière cette identification, sans doute y a-t-il un réflexe de bonne éducation : on sait bien que Marie a choisi la meilleure part, mais justement, on nous a appris quand nous étions petits à ne jamais choisir la meilleure part, à ne jamais prendre le plus gros morceau du gâteau, qu'il faut laisser aux autres. Au-delà de la simple politesse, la figure de Marthe semble incarner deux vertus chrétiennes par excellence : l'humilité et le service. Elle peine dans la cuisine pendant que sa sœur profite des invités, elle ne se met pas en avant, elle pense aux autres avant de penser à elle, elle se préoccupe du bien-être des autres, et en plus cet autre, c'est Jésus. Bref, Marthe semble mettre en pratique admirablement tout ce qu'on lui a enseigné au catéchisme. Bien sûr, ce serait encore plus admirable si elle pouvait faire tout cela sans se plaindre, mais ne lui est-on pas aussi reconnaissant d'avoir su porter sous les yeux de Jésus cette injustice flagrante ? Or Jésus lui dit qu'elle fait fausse route. Il ne la loue pas de s'être sacrifiée et d'avoir choisi la part ingrate ; pas un mot sur les humbles et les petits ; il ne la remercie même pas d'apporter l'apéro juste au bon moment. Nos indépassables vertus chrétiennes, ça n'a pas l'air de l'impressionner beaucoup.

Mais il y a pire. Parce que Marthe, vous la connaissez : elle culpabilise. Elle se dit que c'est de sa faute. Qu'elle pensait avoir déjà beaucoup fait, entre son boulot si exigeant auquel personne ne fait vraiment attention, les enfants à conduire au foot et à la danse, les courses, le repas et la lessive auxquels elle est seule à penser, le service rendu à la paroisse en plus, mais voilà que Jésus lui en demande encore davantage. Voilà que Jésus semble lui dire, par-dessus le marché : très bien, mais as-tu pris du temps pour prier ? Et à cette question, Marthe se sent un peu mal. Bien sûr, elle n'a pas vraiment le temps. Mais elle sait au fond d'elle-même que ce n'est pas le vrai problème. Prier, surtout, elle ne sait pas trop faire. Apparemment, sa sœur est plus douée qu'elle, sans avoir fait le moindre effort pour mériter cela. Alors le reproche de Jésus lui fait encore plus mal. Elle se dit qu'elle est décidément une bien mauvaise chrétienne, qu'elle n'en fait vraiment pas assez, qu'il faudrait faire davantage d'efforts – elle qui a déjà l'impression de donner ce qu'elle peut. Elle n'y arrivera jamais. Et c'est ainsi que l'Évangile peut tourner à la catastrophe ! Comment a-ton pu arriver à un résultat pareil, si loin de la Bonne Nouvelle de l'amour de Dieu ?

Nous sommes là avec deux sœurs. Ce n'est pas si fréquent dans la Bible, qui est loin d'être un livre d'hommes, qui nous présente bien des figures inoubliables de femmes, mais qui propose très peu de duos de sœurs. Ce qu'on y trouve en revanche en très grand nombre, ce sont des frères. Et depuis le début, depuis le premier foyer, depuis que Caïn et Abel sont venus distraire Adam et Ève de leur commune solitude, jusqu'aux frères de Jésus qui, nous dit l'Évangile, « ne croient pas en lui[1] », les frères bibliques, c'est toujours un peu compliqué. Or dans la Bible comme dans la vie, la cause des disputes et parfois des haines qui divise les fratries est toujours la même. Caïn tue Abel parce que Dieu préfère le sacrifice de son frère au sien. Je déteste mon frère parce que dans le fond, mes parents l'ont toujours préféré. Et ici, Marthe ne tue personne et rien ne dit qu'elle déteste sa sœur, mais voilà que face à Jésus, elle ne peut

---

1. *Évangile selon saint Jean*, chapitre 7, verset 5.

retenir ce cri que tous les parents ont entendu et qui ne cesse de monter jusqu'à Dieu : « C'est pas juste ! »

Il faut peut-être nous y faire et commencer à accepter que l'Évangile, la Bonne nouvelle, l'amour de Dieu, non, c'est pas juste. Le compte n'est pas bon, parce qu'il n'est pas question de compte, mais de don. La logique de l'Évangile, c'est celle du cadeau, et le cadeau n'est pas une affaire de justice. Notre première conversion est là : il nous faut renverser notre logique. Il est un peu désolant de constater qu'après deux mille ans de christianisme, nous en sommes encore à compter nos sous et à raisonner encore et toujours, et plus que jamais peut-être, en comptables. Je n'ai rien contre les comptables, mais la grâce de Dieu (un mot qui signifie « gratuit »), par définition, cela ne rentre pas dans un tableau Excel.

Tout cela est très beau. La grâce de Dieu, le don de Dieu, tout le monde est pour. Mais il ne faudrait pas oublier que la vie chrétienne réclame de nous de véritables efforts. La fidélité conjugale, le souci concret des plus pauvres, la maîtrise de la colère, la liberté face à l'alcool ou aux autres addictions, la bienveillance et le pardon des offenses, une vie de prière pas trop irrégulière, ne serait-ce que la messe du dimanche, sans compter le temps qu'on libère pour s'occuper d'un malade, eh bien ce n'est pas donné à tout le monde. Il y a du combat, il y a des efforts. Et ces efforts, on aimerait bien ne pas les avoir faits pour rien. Notre grand-mère ne nous disait-elle pas que, si nous étions sages, cela ferait plaisir à Jésus ou à la Sainte Vierge ?

C'est qu'il y a en notre cœur un petit païen qui veut entretenir avec Dieu des relations claires, c'est-à-dire commerciales. « Les bons comptes font les bons amis », dit-on avec ceux qui justement ne sont pas nos amis. Le païen de l'Antiquité faisait les choses clairement : un sacrifice à Neptune, et en échange le dieu de la mer veille sur mon voyage. Donnant-donnant, dans la plus parfaite justice comptable. L'amour gratuit de Dieu nous déstabilise, et nous préférerions avoir avec lui quelque chose de plus sûr : je paie, il livre. On essaie de l'acheter par des efforts (qu'on appelle bien souvent des « sacrifices », comme par hasard) : je vais à la messe plutôt que de rester dormir, et en échange, tu protèges ma famille. On nous a appris à ne pas le formuler comme cela, bien sûr, mais c'est profond en nous. Et cela ne se révèle, bien souvent, que lorsque Dieu n'a pas fait sa part du contrat, et qu'on le lui reproche alors : pourquoi ma femme me quitte-t-elle, alors que j'ai fait tout ce que tu m'as demandé ? Je n'avais pas pris la formule « tous risques » ?

Et notre païen intérieur nous convainc qu'on agit forcément bien, puisque ces sacrifices nous contrarient. Ces efforts vont contre nous-mêmes, donc il faut bien que Dieu compense. On fait tout ça pour lui faire plaisir, on se complique la vie pour lui, donc il nous doit bien quelque chose en retour. Le bien pour Dieu, c'est forcément un mal pour nous – en tout cas une privation, une difficulté, une concession qu'on lui fait. Marthe, Marthe, tu perds ton temps quand tu crois rendre service au Christ parce que tu te compliques la vie, quand tu opposes le bien et ce qui te fait du bien ! Marthe, Marthe, tu fais fausse route quand tu penses que la volonté de Dieu, c'est le contraire de ta volonté : vous faites alliance, Dieu et toi, et cette alliance vous fait marcher dans la même direction ! Ce que tu fais, et tes efforts, et ton dévouement, ne t'enlèvent rien : au contraire, c'est toi qu'ils enrichissent, parce qu'ils t'apprennent à aimer davantage. Le Royaume de Dieu, que tu recherches, ne te sera pas donné en récompense de tes efforts : il t'est déjà donné en partage.

C'est sans doute ainsi qu'il faut comprendre cette histoire de meilleure part, qui semble tout de même un peu étrange, parce qu'elle paraît indiquer qu'il y a des activités meilleures que d'autres, qu'il y a des vies qui valent mieux que d'autres. Dans l'histoire de l'Église, ces modes de vie ont peu à peu pris un nom ; et l'on a opposé la contemplation à l'action, la vie contemplative à la vie active – la première étant naturellement considérée comme bien supérieure à la seconde.

Je ne crois pas que Jésus nous dise ici qu'il vaut mieux être moine que père de famille, ni d'ailleurs qu'il soit venu faire des hiérarchies entre ceux qui le suivent ; en revanche, il nous met devant les yeux une importante question : que faisons-nous de notre temps ? On ne peut pas être partout, au four et au moulin, à la cuisine et au salon ; on ne peut pas vivre plusieurs vies. C'est bien dommage, mais c'est aussi ce qui donne du prix à tout, à chaque seconde de notre vie. Si nous ne devions pas mourir, nous n'aurions jamais à choisir. Nous pourrions tout faire, successivement. Mais ce terme nous oblige à faire des choix, à préférer des gens à d'autres, des lieux à d'autres, des activités à d'autres. Bien sûr, on peut se dire qu'on « change de vie » quand on change de lieu ou de conjoint, mais cela ne veut pas dire qu'on repart effectivement à zéro : illusion adolescente qui n'empêche pas les années passées d'être passées. Chaque seconde est irremplaçable, et donc inestimable. Jésus invite Marthe à ne pas les gaspiller. « Tu t'agites pour bien des choses. » Ces mots résonnent en moi de façon un peu trop familière. Est-ce que nous n'avons pas de temps en temps ce sentiment de nous agiter pour bien des choses ? Si encore c'était toujours pour servir le Christ... Mais les sollicitations sont nombreuses, dans toutes les directions. N'avons-nous pas l'impression que nous pouvons tout faire à la fois, boire à tous les robinets, avant de nous trouver enfin devant un sentiment de vide encore plus grand ? Nous pouvons nous lamenter longtemps sur notre dispersion vers « bien des choses », mais il y a probablement mieux à faire : nous concentrer sur l'essentiel, sur cette chose qui seule est nécessaire, à en croire Jésus.

De quoi peut-il bien s'agir ? De vie monastique et contemplative ? Tous au monastère, donc ? Ce serait aller un peu vite en besogne. Jésus ne reproche pas à Marthe son service – ce qui serait tout de même un comble ! Il ne lui reproche pas d'être active. Il lui reproche d'avoir l'esprit plein de trente-six mille choses, et du coup de négliger l'essentiel. D'avoir l'esprit rempli par les tasses de thé, les serviettes en papier, le canapé, les pâtisseries, les livraisons, l'évier de la vaisselle, la propreté des toilettes, la température de la pièce – bref tout ce qui va faire que l'invité se sentira bien –, mais de ne pas s'occuper de l'invité. L'invité n'est pas seulement un corps à nourrir et à installer dans un lieu confortable à bonne température : c'est une personne à rencontrer. Tout le reste peut en découler, tout le reste peut y servir, mais passer à côté de la rencontre, c'est avoir tout raté.

L'essentiel, dans notre vie chrétienne, ce n'est ni l'action ni la contemplation, c'est la rencontre et la vie avec le Christ. Ce qui ne sert pas cette rencontre et cette familiarité est secondaire. Il ne s'agit pas d'action et de contemplation parce qu'il peut y avoir une contemplation, ou prétendue telle, qui recherche davantage la tranquillité que la brûlure du Dieu vivant, une contemplation qui ne reçoit pas le Christ. De même, il est bien des actions et des engagements qui, au cœur même de l'activité, permettent de le recevoir. Comme ce serait simple s'il suffisait de faire ceci ou cela ! Mais il faut encore, et surtout, désirer la rencontre, désirer la familiarité.

C'est ce que dit un petit apophtegme, une petite histoire des pères du désert, ces premiers moines chrétiens perdus dans le désert égyptien au IVe siècle, dont la sagesse se transmet par ces petits récits où j'aime aller puiser :

> Un frère interrogea un ancien en disant : « Quelle bonne œuvre y a-t-il que je puisse faire et que j'en vive ? » Et l'ancien dit : « Toutes les pratiques ne sont-elles pas égales ? L'Écriture dit : Abraham était hospitalier, et Dieu était avec lui ; Élie aimait le recueillement, et Dieu était avec lui ; David était humble et Dieu était avec lui. Ce que donc tu vois ton âme désirer selon Dieu, fais-le, et surveille ton cœur. »

La sagesse de l'ancien, il me semble, tient à cette répétition : « et Dieu était avec lui. » Le moyen importe peu. L'Évangile ne vous dit donc pas de poser votre démission pour aller vous poster aux pieds de Jésus sans rien faire d'autre ; il dit : Fais ce que tu peux faire avec Dieu ; fais ce qui te permet de le fréquenter. Et ce n'est pas seulement de se tenir à genoux !

Le problème de Marthe n'est pas qu'elle était à la cuisine au lieu d'être au salon ; c'est qu'à la cuisine, elle s'occupait de cuisine sans y chercher le Christ. C'est que l'on peut cuisiner de deux manières bien différentes : on peut cuisiner pour réussir le plat, ou pour faire plaisir aux invités ; ce n'est pas sans lien, puisque pour faire plaisir aux invités, en général, il faut réussir le plat, mais l'état d'esprit est, il me semble, très différent. Dans un cas, vous préparez de la nourriture, et dans l'autre vous fabriquez de la communion. Ce n'est pas tout à fait la même chose. Il y a du plaisir à réussir un œuf poché sans le casser, il y a du plaisir à goûter une sauce particulièrement réussie, mais c'est un plaisir bien différent que de passer son après-midi tout occupé des gens qu'on aime et pour qui on travaille. Cuisiner peut être un plaisir ou un fardeau, mais ce peut être aussi un acte d'amour. Si Marthe ne l'avait pas oublié, elle aurait choisi, elle aussi, la meilleure. Elle aurait découvert que ce qu'elle prenait pour un effort méritant une récompense, c'était déjà la récompense elle-même ; que la vie chrétienne, ce n'est pas s'épuiser à mériter un jour la vie éternelle, le Royaume de Dieu, mais c'est recevoir cette vie et ce Royaume qui nous sont déjà donnés ; que la vie chrétienne, ce n'est pas autre chose que la vie éternelle, la vie avec Dieu déjà commencée.

C'est que, pour parodier une antique formule, pour peu que nous l'ayons laissé entrer, Dieu est aussi dans la cuisine.

Pour un peu, on en oublierait Onésime.

Paul, lui, ne risque pas de perdre de vue le sort de l'esclave en fuite qui est venu trouver refuge auprès de lui, et à qui il a donné le baptême. Il ne développe aucune théorie politique sur la question de l'esclavage, mais pour autant, il sait bien que la foi chrétienne qu'il annonce n'est pas un spiritualisme, une technique de méditation, une hygiène mentale, un yoga plus ou moins biblique ou une quête intérieure qui ne changerait que mon être profond sans rien toucher du monde qui m'entoure. Il ne méprise pas le besoin d'Onésime d'une liberté effective, sous le prétexte que seule la liberté intérieure compte, et que ces revendications concrètes sont décidément bien vulgaires. Il sait que la foi chrétienne n'est pas une fuite imaginaire de ce monde où les esclaves ont des fers aux pieds et où les fins de mois sont difficiles. Pourtant, il ne propose pas d'alternative politique au système en vigueur dans l'Empire romain, avec ses impôts et ses aqueducs, sa justice impériale et sa répression, ses routes commerciales et ses esclaves. Paul ne propose pas l'abolition de l'esclavage, parce qu'il n'est pas un révolutionnaire venu modifier l'ordre établi. C'est qu'il souhaite un changement nettement plus radical.

Ce changement, il le décrit à Philémon en quelques mots très simple : Onésime t'est rendu, lui écrit-il, « non plus comme un esclave, mais bien mieux qu'un esclave, comme un frère bien aimé ». Et pour être bien sûr que cette fraternité n'est pas une espèce de formule pieuse et fade, mais une réalité concrète, il ajoute qu'il sera pour lui un frère « et selon la chair, et selon le Seigneur ». Dans le balancier continuel que connaît l'histoire humaine, alternant entre les grands espoirs collectifs, toujours déçus, et les replis individuels, toujours étriqués, entre les immenses utopies censées faire disparaître le mal et les retours désabusés à la seule réussite personnelle (qui, dans sa version spiritualisée, se nomme aujourd'hui « développement personnel »), Paul ne choisit pas et propose une autre voie, celle de la fraternité. Ce qui changera le monde, estime-t-il, ce n'est pas la construction de systèmes plus ou moins complexes et ingénieux, mais bien ma relation avec mes frères.

Car Philémon s'en aperçoit peu à peu depuis qu'il est devenu chrétien : il vit entouré de frères. En choisissant d'entrer dans l'amitié du Christ, amitié qu'il ne peut vivre qu'en l'offrant à son tour à tous, Philémon a perdu du même coup jusqu'à la possibilité d'avoir des esclaves : il n'y a plus sur terre personne dont il puisse se servir, qui se réduise à son utilité. Il a perdu ses esclaves : ceux qui chez lui s'occupent du ménage et de la vaisselle, ceux qui lui appartiennent vraiment, comme Onésime, mais encore tous les autres, tous ces gens dont il croise quotidiennement le passage sans jamais croiser le regard, tous ces pourvoyeurs de biens, de services, de plaisirs, qu'il traite certes poliment, mais dans l'indifférence, puisqu'après tout il les paie, tous ces distributeurs qui, à tout prendre, pourraient aussi bien être des automates, et qui se retrouvent désormais transfigurés. Je croyais simplement acheter le pain, et voilà que la boulangère fatiguée de sa journée, les clients qui attendent, les enfants qui demandent bruyamment des bonbons cessent d'être des éléments du décor et deviennent pour moi de mystérieuses icônes où se révèle l'amour infini de Dieu. Accomplir un geste banal dans cette boutique familière m'ouvre une profondeur proprement vertigineuse. Le monde se dépeuple de tout ce qu'il comptait d'esclaves, aussitôt remplacés par autant de frères, de frères possibles, avec qui vivre l'aventure du Royaume de Dieu.

On ignore tout de la famille dans laquelle Paul a grandi. Mais même en admettant qu'il ait été enfant unique, et n'ait pas connu les épuisantes disputes qui sont le lot commun des fratries, il est trop familier de la Bible pour entretenir la moindre illusion romantique sur ce que recouvre le mot « frère ». Il sait bien qu'être frère ne signifie pas entretenir naturellement des relations apaisées et harmonieuses, égalitaires et respectueuses. Cela arrive, Dieu merci, mais la fraternité n'est pas toujours l'amitié. Ceux qui, comme moi, vivent dans des communautés religieuses composées de « frères » ou de « sœurs » savent parfaitement qu'il n'est pas possible de partager les mêmes affinités, la même complicité, avec tous ces gens que l'on n'a pas choisis, et qu'une communauté n'est jamais un groupe d'amis, même quand tous ses membres sont très proches. C'est que la fraternité, c'est quelque chose de plus fondamental, presque de plus primitif. Être frère, « selon la chair » ou « selon le Seigneur », ce n'est pas toujours s'aimer. Être frère, c'est n'en avoir jamais fini avec son frère ; être frère, c'est n'être jamais quitte.

Un homme était venu me trouver, peu après mon ordination, avec une liste de questions plus ou moins métaphysiques dont il souhaitait discuter avec moi. Notre échange se prolonge, épuisant peu à peu tous les points de sa liste, dans une conversation d'ailleurs très stimulante. Puis je le vois regarder sa liste, l'air un peu embêté. « Il reste un petit truc, me dit-il, mais ce n'est rien, ce n'est pas important... » Je suis un tout jeune prêtre alors, mais j'ai déjà compris que les « trucs » du bas de la liste, qu'on hésite à aborder, sont souvent les plus importants. Je l'encourage donc. Il ne sait pas, me dit-il, comment faire avec les autres. Il fait de son mieux pour rendre service, appeler les malades, soutenir les déprimés, être disponible aux parents d'élèves de l'école de ses enfants... Un très authentique dévouement ! Mais il se demande jusqu'où il faut aller, pour préserver aussi son temps à lui. Où placer la limite ? À quel moment pourra-t-il estimer que, pour les autres, il en a fait assez et qu'il peut désormais, en toute bonne conscience, ne s'occuper que de lui-même ? Quand sera-t-il quitte, en d'autres termes, de cette dette qu'il ne cesse de payer à l'égard de son prochain ?

Je suis touché de la confiance qu'il me témoigne en formulant cette préoccupation profonde, et un peu intimidé d'être invité à donner mon avis, mais il me semble bien, à l'écouter, qu'il ne prend pas tout à fait la question par le bon bout. Car ces gens pour lesquels il se dépense n'ont pas tellement besoin d'une paire d'oreilles, mais d'un cœur qui les écoute.

Pas de quelqu'un qui les écoute par devoir, mais de quelqu'un pour qui ils comptent vraiment. Peu importe, en réalité, qu'il ne puisse être constamment disponible pour eux. Il n'y a qu'à ceux dont on doute, à ceux qui risquent de disparaître, qu'on demande sans arrêt d'être là, qu'on demande de faire ceci et cela, comme excuse pour les retenir un peu plus longtemps. Être le frère de quelqu'un, c'est avoir avec lui une relation si solide que quelques engueulades et même une longue absence ne l'entameront qu'en surface. Je suis le frère de quelqu'un parce que nous ne pouvons pas faire comme si nous n'existions pas l'un pour l'autre.

Si mon interlocuteur, ce jour-là, était un peu épuisé par l'attente de ceux qui l'entouraient, s'il avait le sentiment d'être sur le point de se faire manger, c'est qu'il ne savait pas répondre à cette attente autrement qu'en se multipliant, pour leur rendre tous les services imaginables, comme s'il cherchait à combler un puits sans fond, à rembourser une dette sans fin. Je crois qu'ils n'attendaient pas, pourtant, qu'il se mette à ressembler à ces dieux hindous dotés de nombreux bras. Ne voulaient-ils pas plutôt ce que nous voulons tous : que quelqu'un sache que nous existons, d'un savoir assez concret pour lézarder la solitude ?

De cette fraternité, nous ne sommes jamais quittes, parce que ce n'est pas une dette, mais un fait. Un fait qu'on ne peut simplement plus oublier une fois qu'on l'a compris. Un fait subversif, sans doute, qui tranche avec notre société de contrats et de relations commerciales, où il ne s'agit au final que de devoir. « Remets-nous nos dettes » dit, dans le texte original, la cinquième demande de la prière du *Notre Père*, celle que nous traduisons habituellement par « Pardonne-nous nos offenses[1] ». Ce n'est pas une traduction fausse, bien sûr, mais je crois qu'il y a là quelque chose de plus profond que de demander simplement pardon pour ses bêtises. « Remets-nous nos dettes », cela veut dire plutôt : fais-nous sortir, Seigneur, de cette épuisante logique des dettes et des « devoirs », de ce monde impitoyable où sans cesse tour à

1. *Évangile selon saint Matthieu*, chapitre 6, verset 12.

tour créanciers ou débiteurs, sans cesse occupés à réclamer notre dû ou à négocier des délais, nous n'avons plus le temps d'être des frères.

Onésime, il est vrai, doit beaucoup à Philémon. En prenant la fuite, il l'a privé d'un esclave qui est sa propriété. Il lui a probablement volé un peu d'argent, comme si cela ne suffisait pas. « Mets cela sur mon compte », écrit Paul à Philémon, « c'est moi qui réglerai ». Avant d'ajouter : « Pour ne rien dire de la dette que tu as envers moi, et qui est toi-même ! » Ce n'est pas une manière détournée de lui dire que, l'ayant lui-même évangélisé et baptisé, lui ayant fait connaître le salut en Jésus-Christ, il a désormais un compte chez lui qui le dispense de rien payer. Mais il souligne ce qu'il y a de dérisoire à se comporter en créancier inflexible, quand on est sorti du monde de la dette. « Remets-nous nos dettes, comme nous-mêmes nous remettons leurs dettes à nos débiteurs », demande tous les jours le chrétien.

Parce qu'au petit jeu de la dette et du devoir, nous ne saurions oublier qu'il en est un à qui nous devons tout. Dieu nous a tirés du néant et nous a donné la vie, le monde, nos proches, tout ce que nous avons. Il n'y a rien que nous ne tenions de lui. Rendre à Dieu ce qui lui revient, en bonne justice, c'est tout lui abandonner. Nos dîmes et nos sacrifices sont toujours très loin du compte. Pourtant, ce n'est pas ce que Dieu attend de nous. Cette justice-là ne l'intéresse pas. C'est ce que Jésus nous explique dans une parabole où Dieu est représenté par un roi, à qui un serviteur doit, selon la monnaie alors en vigueur, pas moins de dix mille talents[1]. Selon un rapide calcul qui ne vise qu'à donner une idée de l'ordre de grandeur, dix mille talents, cela ne représente pas moins de 165 000 années de salaire minimum. 165 000 ans de SMIC ! Nos patrons les mieux payés sont encore loin du compte. C'est cette somme aberrante, invrai-semblable, que le serviteur est censé rembour-ser. Évidemment, il n'y arrivera pas. Même en travaillant toute sa vie sans rien dépenser, et avec lui sa femme et ses enfants, ils n'auront fait qu'effleurer cette dette astronomique. On se demande bien ce qu'il a pu faire pour dépen-

---

1. *Évangile selon saint Matthieu*, chapitre 18, versets 21 à 35.

ser des sommes pareilles, et n'avoir aujourd'hui plus rien, mais là n'est pas la question. Si notre dette envers Dieu est si grande – et, dans la mesure où nous lui devons tout, elle est même plus grande que cela –, elle est hors de portée de tout remboursement. Même en passant toutes nos journées à la messe ou à réciter le chapelet, en supposant que cela fasse plaisir à Dieu, nous n'aurons encore rien remboursé.

Le roi doit décider quelque chose. Il peut punir le serviteur pour son imprudence, et lui prendre tout ce qu'il a. Si son créancier était une de nos banques, on emploierait des mots savants, « rééchelonnement », « consolidation », « plan conventionnel de redressement » : la banque transigerait, pour ne pas tout perdre mais récupérer tout ce qu'elle peut. Dieu, nous dit Jésus, ne s'y prend pas ainsi : « saisi de compassion », il efface la dette. Oubliés, les dix mille talents. Non pas réduits, renégociés, étalés dans le temps, mais purement et simplement offerts. Dieu ne nous a pas créés pour être ses éternels débiteurs, toujours en dette, toujours soumis, travaillant comme des esclaves pour tenter de rembourser l'irremboursable, de compenser le don de l'existence. Alors, cette dette écrasante, il l'annule. Nous ne lui devons plus rien, décide-t-il. Peut-être alors pourrons-nous commencer à l'aimer.

La suite de la parabole, malheureusement, nous montre un serviteur qui peine à se montrer à la hauteur de cette magnanimité splendide. Tout juste sorti du palais, le voilà qui rencontre un de ses compagnons qui lui doit lui aussi quelque chose : cent deniers, à peine trois mois de salaire, rien d'indécent ni d'impossible. Le malheureux lui demande un délai. Guère inspiré par l'exemple royal, il fait jeter en prison son compagnon ; ce qu'apprenant, le roi, qui trouve cette mesquinerie franchement fort de café après la dette qu'il vient lui-même d'annuler, le « livre aux bourreaux » à son tour. Cette conclusion brutale peut nous inquiéter : la remise de la dette n'était-elle donc que provisoire, et conditionnelle ? En d'autres termes, la bonté de Dieu est-elle conditionnée à ma propre bonté ? Me pardonnera-t-il si et seulement si je l'ai mérité en pardonnant moi aussi ? S'il ne pardonne pas mieux que moi, j'ai peut-être du souci à me faire. Et je devrais peut-être y réfléchir à deux fois avant de lui dire : « Pardonne-nous nos offenses *comme nous pardonnons…* »

Dieu, pourtant, ne reprend pas d'une main ce qu'il avait donné de l'autre. Ce qu'enseigne la parabole, ce n'est pas que Dieu se fâche et nous punit si nous n'obéissons pas à son commandement de pardonner. Elle nous dit qu'en remettant notre dette, en refusant de nous laisser dans une relation faite de devoir à son égard, Dieu nous fait sortir d'un esclavage presque automatique, pour nous faire entrer dans un monde tout à fait différent : celui du cadeau, celui du gratuit – ce qu'en langage un peu technique, on appelle « la grâce ». Quand elle disait que « tout est grâce ! », la petite Thérèse ne faisait pas preuve d'un optimisme un peu béat, comme si tout allait forcément pour le mieux dans le meilleur des mondes, mais elle énonçait un fait très simple. « Tout est grâce », parce que tout nous est donné par Dieu, qui n'attend rien en retour. Il ne nous le fait pas payer, ni par la soumission à ses commandements, ni par l'obligation d'assister à tel ou tel rituel. Tout est grâce, parce que nous recevons tout, et que nous ne devons rien.

Tout de même, est-ce que nous ne devons pas au moins l'aimer en retour ? Ne serait-ce pas la moindre des choses, après tout, devant de tels cadeaux ? Mais un amour qui est dû n'est pas un amour du tout. Même un amour qu'on peut acheter à force de cadeaux n'est pas un amour. L'amour véritable ne s'ordonne ni ne se paie : il se propose, il s'espère, il s'attend. Si ma fiancée dit m'aimer simplement parce que je lui ai offert une bague tellement chère qu'elle ne peut décemment pas dire non, j'ai bien des raisons d'être déçu ; mais mon cadeau aura atteint son but si elle entrevoit, dans les reflets du bijou, un éclat de l'amour que j'ai pour elle, et que touchée par cet amour elle commence à m'aimer en retour. Ce qu'on appelle le salut, c'est accepter d'entrer avec Dieu dans cette relation d'amour, non par obéissance ou crainte de l'enfer, pas même par politesse devant la grandeur de son don, mais librement, parce qu'on a pressenti l'incroyable intensité de son amour à lui.

Si le serviteur qui devait tant, mais s'est montré impitoyable à l'égard de celui qui lui devait une broutille, finit en si mauvaise posture, ce n'est pas parce que Dieu le punit et décide de rétablir sa dette. C'est lui qui a refusé de sortir du monde de la dette pour entrer dans celui de la grâce. C'est lui qui, en s'agrippant à sa créance insignifiante, refuse en fait le salut, le monde où tout est grâce. Et rien ne contriste Dieu davantage que ce refus de sa grâce : c'est pour lui, qui veut que tous les hommes soient sauvés, le pire échec qu'on puisse imaginer.

La grâce, quand nous l'acceptons, ne reste pas sans effet sur notre vie. Quand la grâce entre en nous, elle devient gratitude. Cette dernière n'est pas la reconnaissance, car la reconnaissance n'annule pas la dette mais au contraire la pérennise. La gratitude, c'est autre chose. C'est la joie de recevoir un don. Il est étonnant que nous soyons si mal à l'aise, si empruntés devant les cadeaux que nous recevons. Il est si simple d'acheter : là au moins, nous sommes à notre affaire, nous savons ce qui nous est dû. Il est si simple de mériter. Mais nous avons perdu, en grandissant, la simple joie de recevoir sans raison, pour rien, gratuitement, *gracieusement*. Nous nous méfions. Nous ne croyons plus au Père Noël. Un cadeau, ça cache forcément quelque chose. Ceux qui offrent des bonbons aux enfants ou des fleurs aux jeunes filles ont forcément d'autres idées en tête, nous le savons bien, nous l'avons appris parfois dans la douleur. Devant un présent, nous savons que la question à se poser est : « Qu'est-ce qu'il y a derrière ? En l'acceptant, à quoi est-ce que je m'engage ? »

En acceptant le don de Dieu, nous ne nous engageons à rien d'autre qu'à nous en réjouir. À laisser cette joie peu à peu prendre toute la place, nous libérer de notre fatras de dettes et de créances, de droits et de devoirs qui règlent notre univers mental. À laisser notre vie devenir un joyeux, un tonitruant « merci ». Pas un « merci » de politesse, comme on nous a appris à le dire rituellement quand nous étions petits à coup de « Et qu'est-ce qu'on dit ? ». Un merci de gratitude, devant la vie, le monde, le salut, devant la grâce.

« Merci », c'est le sens du mot *eucharistie*, le nom savant de la messe. On ne devrait pas dire : « Je vais à la messe », mais « Je vais au merci ». Cela indiquerait mieux, il me semble, que s'y rendre n'est pas une triste obligation pieuse que l'on s'inflige pour faire plaisir au bon Dieu, mais le lieu par excellence où grandit en nous la gratitude, cette joie d'avoir tout reçu.

J'y repense souvent quand je célèbre la messe, à un moment très précis où, curieusement, tous les fidèles, dans toutes les assemblées, dans tous les pays, se sentent comme tenus de prendre un visage triste. Juste avant de communier, nous disons, en paraphrasant les mots du centurion de l'Évangile[1] : « Seigneur, je ne suis pas digne de te recevoir, mais dis seulement une parole et je serai guéri. » Les chrétiens, prenant soudain conscience de leur indignité, adoptent une mine de circonstance, comme s'ils promettaient de faire mieux la prochaine fois, d'être plus dignes. Bien sûr qu'ils ne sont pas dignes, bien sûr que je ne le suis pas non plus, bien sûr que personne

---

1. *Évangile selon saint Matthieu*, chapitre 8, verset 5.

n'est digne de recevoir en soi le Créateur de l'univers ! Mais ce n'est pas une raison de faire la tête. Il y a de quoi se réjouir, au contraire. Parce que mon indignité qui m'intimide tant, Dieu s'en fiche. Parce que cela ne l'empêche pas de venir jusqu'à moi, au plus intime de moi-même, alors même que je n'ai rien mérité. Parce que je ne suis pas digne. Parce que tout est grâce.

Conclusion

C'est une des pages les plus hallucinées de la littérature mondiale. Dans le roman de Dostoïevski qui porte leur nom, Ivan Karamazov raconte à son frère le poème qu'il rêve d'écrire et qui ne cesse de hanter ses rêveries. La flamme des bûchers de l'Inquisition s'élève dans l'Espagne du XVIᵉ siècle, et c'est dans ce décor macabre que Jésus, on ne sait pourquoi, décide de revenir, comme il est venu la première fois, simplement. On le reconnaît, on se masse autour de lui, mais bientôt l'Inquisition y met bon ordre, et c'est dans un cachot que le Grand Inquisiteur vient rendre visite à son illustre prisonnier. Pour l'accuser. Pas simplement de mettre le désordre par ce retour inopiné, ou de contester son propre pouvoir. L'accusation est bien plus radicale.

Jésus, estime-t-il, a tout fait de travers. Il avait le moyen d'apaiser l'insupportable torture de l'homme confronté à sa propre liberté. Il pouvait, lui qui est Dieu, lui ordonner de faire ceci ou cela, le contraindre, le programmer, le sauver de lui-même. Il pouvait, en lui multipliant les pains par exemple, en le nourrissant jour après jour, l'obliger à croire et à aimer. « Foi contre nourriture », on a connu des marchés plus déloyaux. Il pouvait éviter à l'homme la douloureuse recherche du bien, l'interminable examen de conscience, le doute, les questions insolubles – toutes ces faiblesses qui l'humanisent. Il avait, seul, ce pouvoir à portée de la main. N'était-ce pas d'ailleurs ce que le diable, dans sa sagesse, lui suggérait au désert ?

Mais Jésus n'a rien fait de tout cela. « Au lieu de t'emparer de la liberté humaine, accuse le Grand Inquisiteur, Tu l'as multipliée et, à tout jamais, Tu as chargé de souffrances le royaume spirituel de l'homme. Tu as voulu de l'homme un amour qui soit libre, voulu que l'homme que Tu aurais séduit et attiré Te suive librement. Privé de la loi ancienne, une loi sévère, l'homme, dorénavant, devait juger lui-même, dans son cœur libre, de ce qui était bien et de ce qui était mal, en n'ayant devant soi pour seul guide que Ton image – mais comment n'as-Tu pas pensé qu'il finirait par tout rejeter et par tout mettre en doute, tout, jusqu'à Ton image et même Ta vérité, s'il était opprimé par un joug aussi terrifiant que la liberté de choisir ? »

Ce ne sont pas les propos d'un fanatique illuminé, mais d'un homme rationnel. Le pari de Dieu est fou. Préférer que l'homme l'aime librement, plutôt que de jouer avec lui comme un enfant avec ses Playmobils, cela n'a pas de sens. C'est prendre trop de risques. N'a-t-il pas, d'ailleurs, fini sur une croix, lui qui aurait pu, qui aurait dû être acclamé comme roi par l'univers tout entier ? L'échec est mathématiquement programmé dès le départ. Parier sur la liberté de l'homme, parier sur son amour libre, c'est miser sur du vent.

Le Grand Inquisiteur, lui, n'a pas ces naïvetés : « J'ai ouvert les yeux et j'ai refusé de servir la folie. Je suis rentré et j'ai adhéré à la masse de ceux qui ont corrigé Ton œuvre. » Ne vaut-il pas mieux donner aux gens ce qu'ils attendent,

131

ce dont ils ont besoin : un maître, une règle, une loi à laquelle se soumettre ? Il ne le fait pas de gaieté de cœur, assure-t-il. Il se sacrifie, au contraire, pour le bien de cette masse qui ne saurait rien faire de sa liberté, sinon aller à la perdition.

Quant à Jésus, qui a eu tort de revenir, bien sûr, on sait bien ce qui lui arrivera. De toute façon, c'est toujours la même chose. « Ce que je Te dis s'accomplira, peut conclure le Grand Inquisiteur, notre règne s'établira. Je Te le répète : pas plus tard que demain, Tu verras un troupeau docile courir vers Ton bûcher, au premier geste que je ferai, et y jeter des braises, vers ce bûcher où je Te ferai brûler pour être venu nous déranger. Et si quelqu'un a mérité plus que les autres ce bûcher, c'est Toi. Je Te brûlerai demain. *Dixi.* »

L'Inquisiteur n'a jamais le beau rôle, mais il faut prendre sa critique au sérieux. Il n'y a rien de plus vrai que sa dénonciation de ce pari divin insensé. L'Église n'est pourtant elle-même que lorsqu'elle se met au service de ce pari. L'actualité ne nous rappelle que trop douloureusement ce qu'elle devient quand un de ceux qui prétendent la servir décide, plus ou moins volontairement, de corriger la folie de Dieu et de rentrer, fût-ce avec les meilleures intentions du monde, dans le sanctuaire inviolable de la conscience humaine. Les abus sexuels, dont nous découvrons avec effroi l'ampleur, découlent toujours d'un abus spirituel, d'un abus de conscience, c'est-à-dire d'une correction du pari fou que Dieu veut faire sur notre liberté, sur la liberté de Philémon. Il n'est pire destruction que celles qu'on accomplit au nom du bien de ceux-là même qu'on est en train d'anéantir. Elle est pleine de risques, la liberté offerte, mais lorsque l'Église cesse d'être à son service, lorsqu'elle croit avoir des buts plus hauts et plus urgents que cette libération de tous, ne court-elle pas le risque bien plus grand de s'égarer dans l'innommable ?

L'actualité voit se croiser de singuliers contrastes. Affrontée à cette crise qui en révèle les dérives les plus effrayantes, l'Église célèbre en même temps dix-neuf de ses enfants qui, au cours de la guerre civile algérienne des années

1990, ont donné leur vie par amour. Six femmes et treize hommes qui n'ont pas cherché la mort, qui ne l'ont pas aimée, poussés par je ne sais quelle pulsion morbide, mais se sont montrés libres même face à la mort, qui ne les a pas détournés de leur chemin. Saisis par le Christ, ils ont répondu à cet amour non par le sacrifice ou la soumission, mais par un amour libre, total. C'est au nom de cet amour qu'ils n'ont pas abandonné un peuple avec qui ils vivaient, et qui connaissait des déchirements meurtriers. C'est au nom de cet amour qu'ils ont accepté, s'il le fallait, de donner leur vie.

C'est qu'ils savaient, comme saint Paul, comme Philémon, que la vie n'est pas «une question d'efforts ni de records, mais de Dieu qui s'attendrit[1] ».

Oran, le 8 décembre 2018,
Solennité de l'Immaculée Conception
Béatification de Pierre Claverie
et de ses compagnons martyrs.

---

1. *Lettre aux Romains*, chapitre 9, verset 16.

Remerciements

Ce livre n'aurait jamais vu le jour si je n'avais eu sur ma route bien des professeurs pour m'enseigner à vivre et à penser la liberté chrétienne. Ne pouvant les remercier tous, je ne citerai ici que Didier Duverne, pour son accompagnement libérateur, et le fr. Jean-Marie Gueullette, pour son enseignement plus académique, mais tout aussi éclairant.

Cette méditation sur la lettre à Philémon s'enracine dans la lecture des lettres de Paul faite en 2018 avec un petit groupe de jeunes chrétiens francophones du Caire, répondant au nom loufoque de « SCEP ». Que chacun de ses membres soit ici remercié.

Elle s'est poursuivie enfin par la discussion avec Maxence Boullault, à qui j'exprime toute ma reconnaissance.

Je remercie enfin les frères Marie-Augustin Laurent-Huygues-Beaufond et Maxime Allard, censeurs bienveillants, fraternels... et rapides !

Table des matières

Imprimé en France

Composition : Le vent se lève...

N° d'imprimeur : 904129
Achevé d'imprimer par Laballery en avril 2019
Dépôt légal : janvier 2019